江南織造府史話

《江南织造府丛书》编纂委员会 编著

中国·苏州
古吴轩出版社

图书在版编目（CIP）数据

江南织造府史话 /《江南织造府丛书》编纂委员会编著. —苏州：古吴轩出版社，2019.2
（江南织造府丛书）
ISBN 978-7-5546-1299-6

Ⅰ. ①江… Ⅱ. ①江… Ⅲ. ①丝绸工业—经济史—苏州—古代 Ⅳ. ①F426.81

中国版本图书馆CIP数据核字（2018）第286332号

责任编辑：张　颖
见习编辑：江莺华
版式设计：吴　静
责任校对：周　娇　王　莹
图片提供：郑丽虹　唐伟明　韩桂丽　江莺华

书　　名：江南织造府史话
编 著 者：《江南织造府丛书》编纂委员会
出版发行：古吴轩出版社
地址：苏州市十梓街458号　　邮编：215006
Http://www.guwuxuancbs.com　　E-mail:gwxcbs@126.com
电话：0512-65233679　　传真：0512-65220750
出 版 人：钱经纬
印　　刷：张家港市恒丰包装有限公司
开　　本：787×1091　1/16
印　　张：17
版　　次：2019年2月第1版　第1次印刷
书　　号：ISBN 978-7-5546-1299-6
定　　价：68.00元

如有印装质量问题，请与印刷厂联系。0512-56777901

江南织造府丛书

《江南织造府丛书》总编 戚秋兰

《江南织造府丛书》总纂 徐 挺 彭 阳

《江南织造府丛书》编纂委员会成员名单

徐福明	常沙娜	王永庆	黄炫梓	李 薇
崔荣荣	牛 犁	皇甫菊含	冉卫红	马亚中
柯继承	吴恩培	徐刚毅	谭金土	郑凤鸣
张玉英	陈雨生	蔡 玲	柴壬斌	樊颖华
包建峰	王雅淑	魏 然	胡德银	周建娥
朱文勤	简妤庭	诸莉萍	周 绩	王启欣

本书撰稿人 卢 群

本书编审 柯继承

目录

细听窗户，
簌簌乡春蚕。

对案未能食，
历历问桑梓。

桑梓温恭
名教始。

须从旧锦
翻新样。

丝：黄帝之媒

有虞之世，以五彩彰施于五色，作服古帝王，黼黻太平之象，织造之所由来邈矣。

浸種
溪頭夜雨足門外
春水生筠籃浸淺
碧嘉穀抽新萌西
疇將有事耒耜隨
晨興只雞祭句芒
再拜祈秋成

说江南织造府，先要说丝。没有丝，就谈不上什么织造了。“有虞之世，以五彩彰施于五色，作服古帝王，黼黻太平之象，织造之所由来邈矣。”（清彭宁求《苏州织造局志·序》）丝，最早出现的年代，可追溯至远古。中国远古时代指的是夏、商、周以前的时代，距今4000年以上。在远古时代，由于生产力低下，人们只有靠集体的力量才能生存。人们各尽所能、共同劳动、平均分配食物。为了生存与发展，他们必须选举公正、贤能的人当首领，以带领大家进行生产，抵御外来的侵扰。三皇五帝就是这样的首领。

三皇：燧人氏、伏羲氏、神农氏。燧人氏，钻木取火，教人烧制食物，使远古人类从利用自然火发展到人工取火，结束了他们茹毛饮血的历史；伏羲氏，结绳为网，并教会了人们用网渔猎的方法；神农氏，遍尝百草，教人医疗与农耕。《尚书大传》云:“燧人为燧皇,伏羲为羲皇,神农为农皇也。”

五帝:黄帝、颛顼、帝喾、尧、舜。黄帝,号轩辕氏,五帝之首,中华“人文初祖”;颛顼,号高阳氏,黄帝之孙;帝喾,号高辛氏,黄帝的曾孙;尧,帝喾之子;舜,受尧的“禅让”继位,父系氏族社会后期部落联盟首领。

三皇五帝中,黄帝最是功业彪炳,他的功业最显著的体现是与炎帝、蚩尤逐鹿中原,最终统一华夏。

《国语·晋语》:“昔少典娶于有蟜氏,生黄帝、炎帝。黄帝以姬水(今陕西武功漆水河)成,炎帝以姜水(今陕西宝鸡清姜河)成。成而异德,故黄帝为姬,炎帝为姜。二帝用师以相济也,异德之故也。”黄帝与炎帝这对同胞兄弟,因同一血缘,部落居地又相邻,曾结盟向东拓展,一路兼并当地的氏族和部落,拓展过程中,由于兼并数量的差异,两人发生争执,最终联盟破裂,发生了一场阪泉之战,黄帝获胜,炎帝归服了黄帝,从而形成了炎黄部落联盟。九黎氏族首领蚩尤不服黄帝,黄帝又进行了征伐蚩尤的涿鹿之战,蚩尤兵败被杀,炎黄联盟继续东进,与东夷诸部融合,这是华夏族的雏形。《史记·五帝本纪》对这两场战争有所追记:“炎帝欲侵陵诸侯(指氏族或部落首领),诸侯咸归轩辕。轩辕乃修德振兵,治五气,艺五种,抚万民,度四方,教熊、罴、貔、貅、貙、虎,以与炎帝战于阪泉之野,三战,然后得其志。蚩尤作乱,不用帝命。于是黄帝乃征师诸侯,与蚩尤战于涿鹿之野,遂擒杀蚩尤。而诸侯咸尊轩辕为天子,代神农氏,是为黄帝。天下有不顺者,黄帝从而征之,平者去之，披山通道，未尝宁居。”太史公司马迁是站在黄帝立场上讲述这两场大战的，我们不管他的立场，只消知道黄帝的连番征伐，奠定了中华民族的基础。司马迁说阪泉之战中，黄帝驱使熊、罴、貔、貅、貙、虎攻击炎帝，难道他训练了一支猛兽部队？其实不然，这是黄帝统率的各部落打出的画有兽形的旗帜。这种兽形，可视为图腾。

黄帝是目前中国历史上首位统一战争的大赢家。黄帝时代是中国史前历史发生重大变化的时代，社会分化加剧，战争加剧，各地区之间的文化交流和文化重组加剧，国家起源的萌芽初现。黄帝时代也是中华文明之光初吐的时代、中华先民发明创造涌现的时代，《世本·作篇》记载的“作旃”“作冕旒”“作占岁”“作占月”“作占星气”“作甲子”“作算数”“作调历”“作书”“作图”“作衣裳”“始穿井”“造律吕”……其中的“作”“造”“始”都是首创、始造的意思。丝绸亦是其中的重大发明创造，丝绸非但改变了“作衣裳”的方向，而且还成了黄帝治理天下的一大法宝。

黄帝手上的这个法宝，是他的元妃嫘祖带来的嫁妆。嫘祖，西陵氏首领之女。关于嫘祖和桑蚕丝茧，有个流传很久、很广的民间传说。一天，还是小姑娘的嫘祖随母亲上山采野果，看见树上有很多白色的小果子，就向母亲询问。母亲告诉她，那是蚕做的窝，它的名字叫茧，非常结实，嚼不烂的。嫘祖寻思，带回去煮一下，不就烂了，容易嚼了吗？嫘祖把采到的蚕茧带回家，放到锅里煮了起来。水开了，嫘祖用棍子不时地翻搅，翻搅蚕茧的棍子上带出很多细丝来，越搅越多，越拉越长。嫘祖仔细观察，细丝原来是从蚕茧上出来的。她扯了扯细丝，感觉很韧。嫘祖灵机一动，心想：若是用它缝麻布、兽皮，一定比麻线强得多。嫘祖向母亲禀告了这个发现，母女俩开始尝试用蚕丝缝衣裳，发现效果不错。第二天，嫘祖上山采茧，看到成群的小鸟在叼食蚕宝宝。嫘祖非常心疼，赶紧把蚕捉起来，用衣摆兜回家中，放在荆条编的匾里养着。从此，她每天上山采桑叶喂蚕，就这样，野蚕变成了家蚕。嫘祖在采桑叶时注意到了蜘蛛结网，她又受到了启发，用蚕丝织成网，进而织成布，于是出现了丝绸。嫘祖用丝绸做成衣裳，穿着既舒服又美观，西陵氏拥有了当时世界上十分珍贵的一项资源。

这里要做些说明，古代汉语中的“绸”字，本义为缠、缪，引申为束缚。《广雅》：“绸缪，缠绵也。”《说文》：“绸，缪也。”《诗经·唐风·绸缪》：“绸缪束薪，三星在天。”《毛诗故训传》：“绸缪，犹缠绵也。”屈原《楚辞·九歌》：“薜荔柏兮蕙绸，荪桡兮兰旌。”王逸注：“绸，束缚也。”《诗经·小雅》：“彼君子女，绸直如发。”此句的“绸”，通“稠”，意思是致密、稠密。总之，绸在古汉语不当绸缎讲，丝织品的“绸”本写作“紬”，《说文》：“紬，大丝缯也。”缯才是古代对丝织品的总称，紬是缯的一种。紬，粗丝织成的布。黄帝身处的新石器时代，紬的质量远远达不到后来绸的档次，但在当时绝对称得上是最高级的衣料。“绸缎”作为丝织品的总称，应是现代的事，我们仅是为了叙述方便，才在本书一开始就使用了“丝绸”一词。

关于西陵氏的居地，有多种说法，最通行的有两说，一说在今河南省西平县，一说在今四川省盐亭县，反正都和黄帝部落原居地轩辕之丘（今河南新郑）相距不远，所以，“嫘祖始蚕”的信息，黄帝在第一时间就得到了。他凭着敏锐的洞察力，立即意识到蚕丝的特殊价值，并通过联姻的方式将这项重大发明揽入了自己囊中。黄帝实力强大，西陵是个弱小氏族，黄帝若用军事手段吞并西陵氏，易如反掌，但他摒弃了武力，采用温情脉脉的做法——传说他亲自到西陵去提亲。

嫘祖问：“你派遣一支军队来，至多三天，这块地方就是你的了，丝绸也是你的战利品了。那样你不是更省事么？”

黄帝说：“丝是那么柔软，绸是那么美丽，我不愿意让血污玷污它。”

嫘祖点点头：“要我嫁你，可以，不过，你要答应我一个条件。”

黄帝也点点头：“但说无妨。”

嫘祖说：“你先把嫫母娶了。”

嫫母是嫘祖的侍女，也是嫘祖养蚕织绸的助手，相传缠丝的纺轮就是她发明的。她也非常聪明，但她的相貌实在让人不敢恭维，“嫫母倭傀，善誉者不能掩其丑”（汉王子渊《四子讲德论》）。唐代的《琱玉集·丑人篇》描述的长相更不堪，说她是“锤额颇頞，形麁色黑”，为黄帝时极丑女也。中国古代婚姻中有媵妾制，即新娘带来的陪嫁丫头或同族姐妹甚至侄女，丈夫可纳为小妾。嫘祖出嫁时，带嫫母到夫家很正常，但嫁前先将侍女打发到黄帝身边去，这就有些奇怪了。而且，嫫母长得又难看，黄帝能要她侍寝吗？

黄帝并无犹豫，一口答应了嫘祖。

一年过去了，嫘祖将嫫母召回西陵，问她："轩辕氏待你怎样？"

嫫母实话实说："寝则同被，出则共车。"

嫘祖不禁有些小小的嫉妒，问："他就这么宠你？"

嫫母说："他知道宠我的时间不会长，一旦迎娶了你，我只能退居次位，所以，这一年来给了我额外的爱怜。"

嫘祖笑了。她这一笑，黄帝的元妃就"到位"了。后来的典籍提及嫘祖，都冠以"黄帝元妃"的尊号，如先秦《蚕经》："黄帝元妃西陵氏始蚕。"《史记・五帝本纪》："黄帝居轩辕之丘，而娶于西陵之女，是为嫘祖。嫘祖为黄帝正妃，生二子，其后皆有天下。其一曰玄嚣，是为青阳，青阳降居江水；其二曰昌意，降居若水。"昌意之子高阳，乃五帝之第二位的颛顼；玄嚣之子蟜极，蟜极之子为帝喾。北宋刘恕《资治通鉴外纪》："西陵之女曰嫘祖，为黄帝元妃，治丝茧以供衣服，后世祀为先蚕。"唐代大诗人李白的老师赵蕤，所题唐《嫘祖圣地》碑文称嫘祖"首创种桑养蚕之法，抽丝编绢之术，谏诤黄帝，旨定农桑，法制衣裳，兴嫁娶，尚礼仪，架宫室，奠国基，统一中原，弼政之功，殁世不忘。是以尊为先蚕"。

先蚕，顾名思义就是指最早养蚕的人。传世文献中，"先蚕"最早见于《月令》，其文曰："（季春之月）是月也，命野虞无伐桑柘……后妃斋戒，亲东乡躬桑，禁妇女无观省，使劝蚕事。”周代，天子诸侯皆设有公桑蚕室，筑于河川附近。仲春二月，王后与妃子以少牢祭祀先蚕神。“古代祭祀，牛羊豕三牲具备谓之太牢”，用羊、豕各一者，叫作“少牢”。三月朔，王后还要亲率内外命妇在北郊躬亲桑事，以鼓励蚕桑生产。《周礼》：“中春，诏后帅外内命妇，始蚕于此北郊，以为祭服。”由此可见，先蚕礼的规格属国家最高祀典之一。以后的王朝多沿袭此制，并建造先蚕坛进行祭祀，由皇后率妃嫔举行此典。《后汉书·卷九十九志第五·礼仪中》：“是月，皇后帅公卿诸侯夫人蚕。祠先蚕，礼以少牢。”《宋史·卷一百〇二志第五十五·礼志五》：“宣和元年三月，皇后亲蚕，即延福宫行礼。其仪：季春之月，太史择日，皇后亲蚕，命有司享先蚕氏于本坛。”据《清史稿》记载，整个典礼要进行多日，皇后先拜先蚕西陵氏之神位，行六肃、三跪、三拜之礼，从祀妃嫔在坛下跪拜。第二天，行躬桑礼，由专人向皇后呈上筐和钩，内官们扬彩旗、鸣金鼓，歌《采桑辞》。乐声中，皇后持筐、钩由桑畦北面正中开始，东西三采，然后上观桑台，看采桑。妃嫔公主各五采，命妇九采。采下的桑叶由蚕母跪接，授蚕妇以养蚕。蚕结茧后，蚕母、蚕妇从中挑出上好的蚕茧献上，挑选吉日，皇后到先蚕坛后的织室行治蚕礼，缫三盆，交予蚕妇，至此，全部典礼宣告结束。

嫘祖是当之无愧的先蚕。她享受这样持久隆重的祭祀，是应该的。

蚕桑与农耕，是中国古代社会赖以生存与发展的最主要的生产活动。《史记》:"桑土既蚕,于是民得下丘居土。"蚕桑的开发是先民走出洪荒、安居乐业的重要基础和显著标志,因此,亲蚕大典自古就与亲耕之礼并重,所谓"天子亲耕以供粢盛,皇后亲蚕以供祭服"。从这个意义上讲,嫘祖对于华夏民族的贡献,并不亚于黄帝。北宋建隆元年(960)有一篇祭祀疏文,称嫘祖"教民养蚕治丝,无须树叶蔽体;令地产桑育蚁,遂教人力回天。脱渔猎以事农耕,制衣裳而兴教化。德配黄帝,辅成怀柔统一之功;恩重元孔,垂教以农立国之本。几千年来,芸芸众生,悉赖生存,数千万泱泱民众,咸归德化。功高共日月同辉,英灵与天地共寿"。嫘祖发明了植桑养蚕、缫丝制衣,和黄帝一道带领子民开创了华夏男耕女织的农耕文明,功莫大焉。

黄帝很清楚,开疆拓土,固然可以使用血和火的铁腕手段,但收拢人心,必须明教化,施善政,而善政的核心,是要让百姓感觉到有好日子过。故而,他要祭出丝绸这个法宝,来征服新归顺部落的人心。

黄帝将这个任务交给了嫘祖,嫘祖从炎黄部落中挑选了俊男靓女各100名,替他们量身定做了丝绸衣裳,教他们礼仪,纠正他们行走的姿势,前后花了三个月时间,一场5000年前的"时装模特表演秀"准备就绪了。黄帝挑了个吉日,设宴招待应召而来的东夷各部落首领。觥筹交错间,黄帝击掌三下,两侧乐工奏响乐器,只见两列少男少女,个个身穿漂亮的绸衣,踏着音乐节奏,款款行来,衣袂飘飘,衬托得步履愈发轻盈。部落首领们目不转睛地观看着，只感觉眼花缭乱，羡慕不已。再看看自己身上的穿戴，不是兽皮，就是葛衫，何其粗糙，何其简陋！相比之下，不由自惭形秽，自觉矮了一头。这心理一产生，两眼不禁迸射出渴望的光芒，满座首领无一例外。黄帝冷眼旁观，微微一笑，又击掌三下，少男少女退下，器乐停止，便有数十仆从从侧殿闪身而出，一人手捧一袭丝绸衣裳，垂首趋至贵宾席前，献上礼物。首领们一人得到一份贵重礼物，个个迫不及待，当场把自己身上穿戴扒了，换上绸服，上下打量，左右顾盼，一张张脸上，都绽开了灿烂的笑容，全是从心底里流到脸上的欢乐。

黄帝趁热打铁，向这些部落首领宣谕：元妃已选定一批女官，准备派往各部落，教授蚕桑丝织，若干年后，你们就能自己生产丝绸了，就不愁没有绸衣穿了。你们觉得和我们部落相融，是好还是坏呢？

丝绸衣裳和兽皮、葛布相比，优劣无须多说。丝绸是样好东西，代表着好日子，首领们当然欢迎丝的莅临、绸的驾到，当然衷心拥护黄帝的决定。如果说以前他们和炎黄部落结为联盟，是慑于对方的强大，那么，现在他们在丝绸的诱惑下，拥戴黄帝为天下共主则是心甘情愿、心悦诚服了。华夏族的根底，被黄帝用丝来夯实了。

丝，促成了黄帝和嫘祖的姻缘，可算是这桩必须记入历史的婚姻的大媒。黄帝又用丝巩固了华夏族的团结，丝又起到了增强一个民族向心力的媒介作用。丝已经不再是单纯的生产原料，而成了一种文化载体、一种精神结晶。

丝的发现，丝织品的发明，是人类从蒙昧走向文明的重要标志。丝绸是中国历史上最早的发明之一，它与中国古代文明中的四大发明（造纸术、印刷术、火药、指南针）一样，对于我们炎黄子孙、华夏一族的深远意义，怎么说都不为过，它更产生过世界性的影响。丝绸，自产生之日起，直到今天，它仍然是最美丽、最环保的衣料之一。丝绸与个人生活的密切程度以及其流传之久远，是其他发明所不能及的。何况四大发明中有两项与丝绸有着直接的关系。“纸”的最初含义就是制作丝绵过程中的茸丝的积淀物；印刷术的发明源于丝绸上的凸版印花术，马王堆汉墓出土的印花丝织品已是大面积的多彩套印，比唐代正式出现的雕版印刷品要早近千年。因此可以说，丝绸上的凸版印花是后代雕版印刷术的鼻祖。此外，萌芽于商周，发展于春秋战国，形成于秦汉，兴于唐宋，盛于明清的海上丝绸之路，也促进了指南针的发明与完善。一根丝，维系着华夏5000年文明史。

南朝宋鲍令晖《蚕丝歌》（见《乐府诗集》）：“春蚕不应老，昼夜常怀丝。何惜微躯尽，缠绵自有时。绩蚕初成茧，相思条女密。投身汤水中，贵得共成匹。素丝非常质，屈折成绮罗。敢辞机杼劳，但恐花色多。”这首爱情诗，或许也可以看作是对蚕丝的最佳写照和高度讴歌。

绣：华夏之魅

予欲观古人之象，日、月、星辰、山、龙、华虫，作会，宗彝、藻、火、粉米、黼、黻、絺绣，以五采彰施于五色，作服，汝明。

東皋一犂雨
布穀初催耕
綠野暗春曉
烏犍苦肩赬
我銜勸農字
杖策東郊行
永懷歷山下
往事關聖情

说江南织造府，不能不说刺绣。如果没有刺绣，江南织造能否有令人艳羡的辉煌，恐怕得打个问号。

中国刺绣的记载，最早见于儒家经典《尚书》。《尚书注疏·卷五·益稷》记载了舜令禹用五色丝线绣制衣服，并形成制度的事："帝曰：……予欲观古人之象，日、月、星辰、山、龙、华虫，作会，宗彝、藻、火、粉米、黼、黻、絺绣，以五采彰施于五色，作服，汝明。"翻译成白话文是："舜帝说：……我想显示古人衣服上的图案，用日、月、星辰、山、龙、雉六种图形绘制上衣；用虎、水草、火、白米、斧形花纹、黑青花纹，绣在下裳。用五种颜色做成不同图案的衣服，你们要做好。"以日、月等12纹饰绣于衣服为标志形成的制度，到西周固定了下来，这就是儒家非常看重的十二章服制。照此推算，刺绣约起源于4000年前。

中国古代服饰，从来就和身份、礼法、政治挂钩。《周易正义·系辞下》："黄帝、尧、舜垂衣裳而天下治。"孔颖达疏云："垂衣裳者，以前衣皮，其制短小，今衣丝麻布帛，所作衣裳，其制长大，故云垂衣裳也。"丝绸的发明使衣裳能够做得宽大、华丽，这种衣裳只有贵族穿得起、有资格穿。统治集团是由贵族组成的，褒衣博带虽不大合乎日常生活需要，却象征着特定身份与权威，于是"垂衣裳"和"天下治"被画上了等号。其他典籍上也屡有这样的记载，如《晏子春秋·谏下十五》："公衣黼黻之衣，素绣之裳，一衣而王采具焉。"《后汉书·张衡列传》："士或解裋褐而袭黼黻，或委畚筑而据文轩者，度德拜爵，量绩受禄也。"

关于刺绣，苏州有个民间传说。陕西渭河流域，有个地方叫"周原"（今陕西岐山县），居住在这里的人称"周人"。周人的始祖是黄帝的玄孙，姓姬名弃，史称"后稷"。自后稷下传至第12位首领，也就是古公亶父，亶父的曾孙周武王姬发灭商之后，追尊他为周太王。亶父的大儿子泰伯，知道父亲想把王位传给小儿子季历，再由季历顺理成章地传给他所宠爱的孙子姬昌，但又顾忌这样做会违背王位应由嫡长子继承的传统。为了不让父王为难，泰伯带着二弟仲雍出走，一路往东南寻找落脚地点，最后跑到了太湖地区，想要创立勾吴国。而要立国，就得笼络住当地土著部落，需要入乡随俗，与土著一样断发文身。"断发文身"是当时吴地先民的风俗习惯，因为生活在水滨，长发飘飘不利于劳动作业，于是"断发"；因为水害频发，处在蒙昧时期的人们便将此认为是“水怪”作祟，于是“文身”，在身体上刺画花纹，让自己变得像个怪物，以毒攻毒，抵挡水怪的侵袭。

“文身”又称“刺青”。刺青会造成创痛，往往还会使人感染亡命。尤其关键的是这与周人“身体发肤受之父母，不敢毁伤”的观念严重冲突，所以泰伯、仲雍想废除文身。但是，土著首领强硬表示，他们可以归并到周人掌控的勾吴国，可以接受周人出身的国君，但必须断发文身，因为这是吴人的习俗和标志，一旦放弃、改变或使之消失，在他们看来，就等于绝种、灭族。看来，勾吴国能否建立，十有八九将卡在这个问题上。泰伯、仲雍找不出两全其美的方法，为此很伤脑筋。

仲雍的小孙女名叫女红，在隔壁房内缝衣，听得出神，一针扎破了手指，血滴到了衣料上，为了遮掩血迹，女红用丝线在血迹上绣了一朵梅花。不料这一绣，使她灵感顿生，为什么不将刺在身上的花纹刺到衣裳上呢？她因自己的灵感激动得无法按捺，七天七夜，用五彩丝线绣成了一件图纹衣裳。

女红绣成这件图纹衣裳后，立马送给她的祖父。仲雍穿上了这件图纹衣服，迫不及待跳到水里去看效果，据说水蛇看到了这美丽的“怪物”，果然纷纷逃遁。仲雍非常高兴，建议泰伯在吴地大力推广绣衣，以替代文身。土著首领面对绣衣，很是羡慕，心里痒痒的，认为穿上这种衣裳很漂亮，很气派，更能凸显自己的身份。“我们的习俗没有断，标志没有丢，只不过是从皮肤上转到衣裳上而已。而且，文衣可以使我们不受皮肉之苦，更无性命之危，对种族的繁衍有好处。”他们这样说服自己，同时相互说服，反对废除文身的声音不知不觉就消失了。

仲雍这个聪明伶俐、心灵手巧的小孙女，一念灵光，缝制的这一件绣衣，可以说是最早的苏绣了。为了纪念这个小姑娘，后人以她的名字，将刺绣乃至一切针线活都称为“女红”。《吴县志》（乾隆）称：“断发文身为吴中风俗之始，仲雍来而人知礼义。”指的就是这件事。由此可见，苏绣比苏州城的历史还悠久。

苏绣的历史甚至还可以上溯到更远。

大禹治水，来到太湖流域，带来了刺绣技术。苏州第一部地方史志——汉代赵晔的《吴越春秋》载：“禹乃登山，仰天而啸。因梦见赤绣衣男子，自称玄夷苍水使者。”大禹刚到吴地时，为了和土著打成一片，以调动其治理太湖的积极性，也不得不脱掉衣服，裸身奔走。这就有点儿尴尬了，怎么才能既改变这种状况，又被土著认同呢？大禹苦思冥想，诳称自己做了个梦，梦见上苍派来一个专管水利的使者，使者穿着一件绣着龙纹的漂亮衣裳。远古的人极其迷信，天使的衣裳，大家不敢不效仿，于是绣衣替代了文身。

中国四大名绣苏绣、粤绣、湘绣、蜀绣，苏绣居首。产生在苏州的有关苏绣的传说，是很有代表性的。无论是女红发明刺绣的传说，还是大禹梦见赤衣使者的传说，都透露了一个信息：刺绣很可能是受到文身的启发。文身这种习俗，其实不限于太湖地区，在原始社会，文身、文面是人们普遍使用的美妆方式，就像现在的女孩热衷彩妆一样。大约在距今4000多年前的良渚文化时期，人们用丝线将花纹刺在衣服上，就成了刺绣。

良渚文化是新石器时代晚期文化，因1936年首先发现于杭州西北郊良渚而得名，距今5300—4500年，主要分布在太湖流域和钱塘江流域，影响范围包括安徽、江西、山东、山西。良渚文化遗址出土器物上的图纹被有些专家认为是“原始文字”，是中国成熟文字的前奏。专家还指出：中国文明的曙光是从良渚升起的。而刺绣，恰是文明曙光中的一束亮色。

中国最早的服装形制是“上衣下裳”。《释名·释衣服》：“凡服上曰衣。衣，依也，人所依以芘寒暑也；下曰裳。裳，障也，所以自障蔽也。”衣为前开式，缝有袖筒，衣襟相掩。左前襟掩向右腋系带，将右襟掩覆于内，称“右衽”，反之称“左衽”。古代中原汉族服装衣襟向右，以“右衽”谓炎黄风俗，中原地区以外的少数民族服装，前襟是向左掩的。另外，汉族传统习俗是死者之服（寿衣）用左衽，不用布钮，用细布带系死结，以示阴阳有别。裳，则是裙子，男女都穿。

战国时期，赵武灵王提倡“胡服骑射”，中原人才开始穿裤子，但当时称“袴”，《释名》中说“袴，跨也，两股各跨别也”。到了汉代昭帝时，袴才被叫作“裤”。在漫长的“上衣下裳”时期，“衣画而裳绣”，衣用矿石或植物中提取的颜色画上图案，裳用丝线绣上纹饰。这么一绣，意义重大。《春秋左传正义》

曰："中国有礼仪之大，故称夏；有服章之美，谓之华。"华夏华夏，即礼仪加美丽的衣裳。而刺绣，则是使衣裳变得美丽的最有效手段，使"服章之美"充满了魅力。倘若少了刺绣，"华夏"这个词或许就不会产生，这样，"中华民族"这个概念或许也就形成不了了。

较早使用"中华民族"一词的人，是戊戌变法领袖之一梁启超。1902年，梁启超在《论中国学术思想变迁之大势》中使用了这个词："齐，海国也。上古时代，我中华民族之有海权思想者，厥惟齐。故于其间产出两种观念焉，一曰国家观；二曰世界观。"而后孙中山于"三民主义"中提倡将汉、满、蒙、回、藏五族归成一个中华民族，现在则包括中国的56个民族和海外华人。"中华民族"这个概念，虽是近代才形成的，但"中华"一词，早已出现在晋朝桓温的《请还都洛阳疏》中："自强胡陵暴，中华荡覆，狼狈失据。"至南北朝时期，"中华"已被普遍使用。"中华"是从"中国"和"华夏"两个名称中各取一字复合而成。由此可说，刺绣绣出了中华民族这朵煌煌之花。

刺绣与养蚕、缫丝分不开。随着蚕丝的使用以及丝织品的产生，刺绣才逐渐兴起，所以刺绣亦称"丝绣"，这个别称显示了丝与绣的紧密关系。这是一种难舍难分、融为一体的关系，是你中有我、我中有你的关系。元管道升《我侬词》："你侬我侬，忒煞情多，情多处，热似火。把一块泥，捏一个你，塑一个我。将他来齐打破，用水调和。再捏一个你，再塑一个我。我泥中有你，你泥中有我。与你生同一个衾，死同一个椁。”还有一个版本更缠绻：“傻俊角，我的哥，和块黄泥儿捏咱两个。捏一个儿你，捏一个儿我，捏的来一似活托，捏的来同床上歇卧。将泥人儿摔碎，着水儿重和过。再捏一个你，再捏一个我。哥哥身上也有妹妹，妹妹身上也有哥哥。”（明陈所闻《南宫词纪·汴省时曲·锁南枝》）这两首词都是写爱情的，但用在丝和绣的关系上，也很合适，甚至我们会有错觉，觉得那两个泥人儿就是为丝和绣而塑的。

丝、绣的部首“纟”，繁体为“糸”，俗称绞丝旁，一般只能用于左偏旁，糸、系、絮、累、繁、紫、紊等字中“糸”不简化。“纟”本身也是个独立的字，与“丝”通假，《说文解字》：“纟，细丝也。象束丝之形。”“纟”作为部首与其他字组合，部外笔画2的有纠，笔画3的有纤、纨等12字，笔画4的有纺、纾等21字，笔画5的有绂、绉等24字，笔画6的有绖、绔等21字，笔画7的有绡、绣等14字，笔画8的有绸、缁等32字，笔画9的有缎、缕等23字，笔画10的有缝、缣等14字，笔画11的有缧、缫等9字，笔画12的有缯、缬等5字，笔画13的有缳、缰等5字（见《现代汉语词典》第7版）……查《康熙字典》，部首为“糸”的汉字共有300多个，其中与丝绸、纺织有关的占很大比例；有些似乎与丝不相干，但查其本义，仍与丝线有关。如“纠”本义是三股的绳子，《说文解字》“纠，绳三合也”；“级”本义是丝的次第，《说文解字》“级，丝次弟也”。段玉裁注：“本谓丝之次弟，故其字从糸。引申为凡次弟之称。”概括而言，“纟”部汉字的本意均与丝线、纺织、布匹以及颜色有关。涉及颜色的"纟"旁字，也是因为丝绸染色而来。"绣"字左边为绞丝旁，表示与丝有关，右边一个秀字表示美丽的意思，这个字从字面上就能理解成由丝制成美丽的东西。丝的产生造就了绣的形成，蚕丝是刺绣的催化剂、助产士。

历代有许多咏蚕桑、丝绸、绣衣的诗词，仅唐朝就有诗作无数，如李白《子夜吴歌·春歌》："秦地罗敷女，采桑绿水边。素手青条上，红妆白日鲜。蚕饥妾欲去，五马莫留连。"杜甫《戏韦偃为双松图歌》："韦侯韦侯数相见，我有一匹好东绢，重之不减锦绣段。已令拂拭光凌乱，请公放笔为直干。"武则天《题嫘祖故里》："丝绸龟手富，贝锦鹁溪绢。功比马头娘，月映水三潭。"常建《陌上桑》："翳翳陌上桑，南枝交北堂。美人金梯出，素手自提筐。非但畏蚕饥，盈盈娇路傍。"陆龟蒙《陌上桑》："皓齿还如贝色含，长眉亦似烟华贴。邻娃尽著绣裆襦，独自提筐采蚕叶。"……唐以前上自《诗经》，唐以后直至当代，咏丝赞绸的诗人代不乏人，作品累计起来真是汗牛充栋，数不胜数。为什么有这么多的诗人热情地歌颂这个题材呢？原因很简单，丝织光彩，绣制艳绝也！

战国荀子《蚕赋》："有物于此，儳儳兮其状，屡化如神。功被天下，为万世文。礼乐以成，贵贱以分。养老长幼，待之而后存。名号不美，与暴为邻。功立而身废，事成而家败。弃其耆老，收其后世。人属所利，飞鸟所害。臣愚而不识，请占之五泰。五泰占之曰：此夫身女好而头马首者与？屡化而不寿者与？善壮而拙老者与？有父母而无牝牡者与？冬伏而夏游，食桑而吐丝，前乱而后治，夏生而恶暑，喜湿而恶雨。蛹以为母，蛾以为父。三俯三起，事乃大已。夫是之谓蚕理。”

南朝梁张率《绣赋》：“寻造物之巧妙，固饰化于百工，嗟莫先于黼绣。自帝虞而观风，杂藻火与粉米，郁山龙与华虫。若夫观其缔缀，与其依仿，龟龙为文，神仙成象。总五色而极思，藉罗纨而发想。具万物之有状，尽众化之为形。既锦华而稠彩，亦密照而疏明。若春隰之杨花，似秋汉之含星。已间红而韵紫，亦表元而裹素。间绿竹与蘅杜，杂青松与芳树。”

《蚕赋》和《绣赋》放在一起读，正好读完了从蚕到绣的全过程。

这两篇赋的文采、韵律和节奏都很讲究，读起来抑扬顿挫，朗朗上口，与丝绸刺绣之美很匹配。不过，现在的人读赋，却有点吃力，能否找到通俗些的呢？明代有个邝璠，写了一组《竹枝词》，同样将从养蚕到制衣的全过程写了个遍，读来就省劲多了。请看他的《下蚕》：“浴罢清明桃柳汤，蚕乌落纸细芒芒。阿婆把秤秤多少，够数今年养几筐？”《喂蚕》：“蚕头初白叶初青，喂要匀调采要勤。到得上山成茧子，弗知几遍吃辛艰。”《蚕眠》：“一遭眠了两遭眠，蚕过三眠遭数全。食力旺时频上叶，却除隔宿换新鲜。”《采桑》：“男子园中去采桑，只因女子喂蚕忙。蚕要喂时桑要采，事头分管两相当。”《大起》：“守过三眠大起时，再拚七日费心机。老蚕正要连遭喂，半刻光阴难受饥。”《上簇》：“蚕上山时透体明，吐丝做茧自经营。做得茧多齐喝采，一春劳绩一朝成。”《炙箔》：“蚕性从来最怕寒，筐筐煨靠火盆边。一心只要蚕和暖，囊里何曾惜炭钱！”《窨茧》：“茧子今年收得多，阿婆见了笑呵呵。入来瓮里泥封好，只怕风吹便出蛾。”《缫丝》：“煮茧缫丝手弗停，要分粗细用心情。上路细丝增价买，粗丝卖得价钱轻。”《蚕蛾》：“一蛾雌对一蛾雄，也是阴阳气候同。生下子来留做种，明年出产在其中。”《祀谢》：“新丝缫得谢蚕神，福物堆盘酒满斟。老小一家齐下拜，纸钱便把火来焚。”《络丝》：“络丝全在手轻便，只费工夫弗费钱。粗细高低齐有用，断头须要接连牵。”《经纬》：“经头成捆纬成堆，织作翻嫌无了时。只为太平年世好，弗曾二月卖新丝。”《织机》：“穿筘才完便上机，手揎梭子快如飞。早晨织到黄昏后，多少辛勤自得知。”《攀花》：“机上生花第一难，全凭巧手上头攀。近来挑出新花样，见一番时爱一番。”《剪制》：“绢帛绫绸叠满箱，将来裁剪做衣裳。公婆身上齐完备，剩下方才做与郎。”邝璠的《竹枝词》还兼写了蚕俗，对于民俗学研究也是很有价值的。

蚕桑丝绣原来还是文学的温床。

一棵桑树引发的战争

七月流火，八月萑苇。蚕月条桑，取彼斧斨。以伐远扬，猗彼女桑。

臨風細揚簸糠粃零風前
傾瀉雨聲碎把玩玉粒圓
短裙箕帚婦收拾亦已專
豈惟較斗升未敢忘凶年

《诗经·豳风·七月》："七月流火，九月授衣。一之日觱发，二之日栗烈；无衣无褐，何以卒岁？三之日于耜，四之日举趾。同我妇子，馌彼南亩。田畯至喜。……七月流火，八月萑苇。蚕月条桑，取彼斧斨。以伐远扬，猗彼女桑。七月鸣鵙，八月载绩。载玄载黄，我朱孔阳，为公子裳。"诗中的"七月"，是周历七月，大致相当于公历的八月。"流"，移动，落下；"火"，星名，指大火星，即心宿二。"七月流火"不是形容天气火一般炎热，而是说"大火星"逐渐向西迁移、坠落的时节，暑热开始减退，天气逐渐转凉，又可以养蚕了。

上文节选的《七月》翻译成现代文是：夏历七月，"大火星"向下行，九月把裁制寒衣的工作交给妇女去做。周历一月寒风凛冽，二月天气寒冷。没有衣服，如何过完这一年？三月修理耜类工具，四月脚踩耒耜耕田。偕同我的妻子和孩子，送饭到农田。田官看到农民在田里辛勤劳动非常高兴。七月后天气逐渐凉爽，八月是割芦苇的季节。三月修剪桑树枝，取来锋利的斧头。砍掉高高的长枝条，攀着细枝摘嫩桑。七月伯劳鸟声声叫，八月开始把麻织。染丝有黑又有黄，要数红色最鲜亮，献给贵人做衣裳。诗很短，却全面生动地反映春秋时期采桑、养蚕、纺织、做衣裳的情景，字里行间洋溢着欢快活泼的气氛。

可是，并非所有蚕女都能浸润在这种气氛里，吴、楚交界地的蚕女就遭遇了厄运。那是吴王僚九年，楚平王十一年（前518），吴楚“争桑之战”前夕。两国的两位少女，步出家门去采桑，她们做梦也想不到，这将是她们最后一次接触桑树，而且要与可爱的蚕宝宝永别了。

吴、楚两国在今安徽天长一带边邑毗连，都种桑育蚕。春秋时期，诸侯国之间并没有明确的边境线，全靠约定俗成，相沿成习。两位少女家的桑田，犬牙交错，叶影参差，双方都是凭记忆认树，凭默契采各自的桑叶。多少年都是这么过来的，一直相安无事，风平浪静。那一天，吴女像往常一样，从离家近的地方开始采，采着采着，渐渐登上了一座小丘。她看到对面楚女也在采桑，也渐渐上了小丘，吴女跟往常似的，对楚女笑笑，算是打个招呼。往常，楚女也会报以微笑，但今天楚女板着脸，瞧也不瞧她。吴女不知道对方生的哪门子气，既然人家不愿睬自己，那就不要再讨无趣了，各采各的桑叶，采满一筐赶紧回家，蚕还等着自己喂叶呢。

吴女没把楚女的态度放在心上，楚女却在盘算着怎样挑起事端。原来，楚女出门时，被里尹拦住了。里尹在一个村落里就是王，说一不二，没人敢不遵。里尹吩咐楚女，今天务必要与吴女打一架，打得越厉害越好。楚女怀着这个心思，怎么还会给吴女好脸色看呢？

楚女发话了："喂，这棵树上的桑叶你不能采，这是我们楚国地界上的桑树！"

吴女莫名其妙，回道："这棵桑树明明长在我们吴国一边，怎么变成你们的了？你讲不讲理呀？"

楚女说："什么理不理，不许采！"

吴女说："你说不许就不许呀，偏要采！"

两人越讲越不投机，就打起来了，扯头发，撕衣裳，你扇我脸，我踹你腰。不多工夫，两人都是鼻青脸肿，哭着跑回家去搬救兵了。于是，斗殴迅速升级，先是两家人互殴，接着是两村人械斗，他们在那里斗得起劲，根本不知道看似寻常的打群架后面，有着国家战略层面的较量。

这就要扯到吴、楚两国的关系了。吴国早期的都城在今天无锡的郊区梅里，一个很小的地方。当时吴国很弱，也只能在这种小地方待着。吴国共有25位君主，依次为泰伯、仲雍、季简、叔达、周章、熊遂、柯相、鸠夷、馀桥、柯卢、周繇、屈羽、夷吾、禽处、姬转、颇高、句卑、去齐、寿梦、诸樊、馀祭、馀眛、僚、阖闾、夫差。在第五代国君周章的时候，周武王灭了商朝。周人得了天下，寻找泰伯、仲雍的后代，找到吴地，承认吴国，赐给爵位。周天子分封诸侯国，计有“公、侯、伯、子、男”五等，吴国为子爵，地位虽较低，但得到中央政府的承认，在政治上很有利。其后许多年，吴国仍一直是个寂寂无闻的小国。至第十九代国君寿梦时，为了改变偏居一隅的状况，寿梦将吴国迁都出梅里，择地另筑新都城，拓地扩疆，自称“吴王”。寿梦后又经过三代吴王的努力，传到王僚手上时，吴国的国力已经不容小觑了。本来，老牌强国楚国并未将羸弱的吴国放在眼里，现在吴国崛起了，楚国开始觉得这是个潜在的威胁，处心积虑要把吴国继续发展的势头遏制住。这场边邑争桑事件，就是楚国为了这个目的而精心策划的。

里尹吩咐楚女寻衅，也是上司授意。楚国安排好了军事力量，正等着吴国人钻入圈套。边邑的两村百姓打得难分难解的时刻，早已埋伏在附近的一支楚军杀了过来，砍瓜刈草一般，不到半个时辰，吴民死伤大半，剩下十余人侥幸做了漏网之鱼。楚军并不就此收手，乘势杀过边境，一连数日，剿洗了吴国二十多个村子。吴国边邑驻军闻讯，赶紧出动迎敌。怎奈楚军是有备而来，兵力充沛，而吴军是仓促应战，准备不足，交战下来，吴国边兵输得很惨，只得退回城堡坚守待援。

吴王僚得到警报，心想：什么玩意啊，你还以为我是个可以随便捏的软柿子？你这老皇历快丢了吧！我正愁没个理由让你见识一下今日吴国的实力呢，你倒好，瞌睡送个枕头来，那就莫怪我不客气了！吴王僚决定“怼”回去，给楚国一些厉害，让楚国觉得痛，以后再想打吴国主意，先得想想挨打的滋味。吴王僚调集了精锐部队，任命堂兄公子光为前敌总指挥，率军伐楚。就这样，吴楚交界处百姓发生的一场摩擦，演变成了两个国家间的战争。

公子光就是后来的吴王阖闾，一个了不得的人物，雄才大略，足智多谋，而且他正需要以战功树立威望，为日后替代王僚积累资本。他到了边境，立即排兵布阵，主动进攻，连战连胜，势如破竹，将横行边邑的那支楚军杀得片甲不留，又乘势夺得楚国的居巢、钟离二城。捷报传到国都（此时吴国都城已迁到今苏州城区，王宫在现体育场一带），上下欢腾。吴王僚高兴之余，也担心楚王举全国之力，发大军攻吴，因此不敢懈怠，抓紧调集兵将，筹措辎重，为在前线打仗的公子光备好后盾。

然而，等了多日，楚国并无动静，难道楚平王认怂了？还真是如此，楚平王接到告急文书，按下了。楚平王当初挑起边邑冲突，只是想威慑吴人，让吴国停留在次要国家的地位，让他可以随时咬一口，讹一下。不料吴王全力抗争，奋起反击，楚平王一脚踢在了铁板上，张口咬了个刺猬，内心不由就发怵了，思来想去，扩大战事未必占多大便宜，还是偃旗息鼓算了。

吴楚这场争桑之战，有点虎头蛇尾，雷声大雨点小，与后来的吴楚全面战争，实在不能相提并论。然而，争桑之战规模虽不算大，意义却不小，所以被记入史册。《史记·吴太伯世家》："初，楚边邑卑梁氏之处女与吴边邑之女争桑，二女家怒相灭，两国边邑长闻之，怒而相攻，灭吴之边邑。吴王怒，故遂伐楚，取两都而去。”后来的史志也常提及此事，如南宋范成大《吴郡志》：“吴王僚时，吴边邑处女与楚之边邑卑梁之女，蚕争界上之桑。二家相攻，吴不胜。更相伐，灭吴之边邑。吴王僚怒，使公子光伐楚，取居巢、钟离。”

那么，吴楚争桑之战的意义在哪里呢？

我国是最早植桑养蚕的国家，而太湖流域是培育蚕桑的重要基地。据出土文物，我们知道约5000年前，这里的先民已经开始从事蚕桑生产活动。不过，吴地最早的桑蚕，恐怕是野桑野蚕。传说大禹给人们带来了绣衣，但是否带来野桑家植、野蚕家养技术，无典可稽。史籍上能查到的，倒是大禹向吴地征收丝绸的事情。据《尚书·禹贡》记载，禹定九州的贡物中，有一种产于吴地，用野蚕丝做原料，具有贝壳纹样的名为“织贝”的彩色丝织锦帛。吴国建立初期，泰伯、仲雍将中原的家植桑、家养蚕连同刺绣技术带入吴地，劝农桑成了治国的重大方略。到苏州成为吴国的国都时，这里的丝织品种类也已发展到有锦、缟、罗、缯等多种，生产技术达到了相当的规模，吴王特设“织里”，辟锦帆泾。“织里”是织造官署，是替王室、贵族织造高档丝绸的场所。

北宋朱长文《吴郡图经续记》有载：“失履桥在吴县西南。吴王有织里，以是名桥，谓之‘失履’，俗讹也。”他认为北宋时苏州城里的“失履桥”是由“织里桥”讹传而得名的。“织里”是春秋时期的“江南织造府”，江南织造府的源头可追溯到吴国。

锦帆泾在1931年被填掉了，成了锦帆路。民间都说锦帆泾是吴王夫差专门挖来与西施泛舟赏景的，方志大抵也这么记载，明卢熊《苏州府志》就说："锦帆泾，即城里沿城濠也。相传为吴王锦帆以游。今濠固在，亦通大舟，间为民间所浸，有不通处。今之市河，南自憩桥，北出香花桥，之西及昔之新河即锦帆泾也。盖自古沿河无民居，两岸栽植花柳，春时映水如泛锦，故唐代诗人杜荀鹤诗曰：'夜市卖菱藕，春船载绮罗。'亦以锦泛泾夹映花柳而云。今俚俗乃指此为锦帆泾，相承既久，莫知其非，盖帆乃泛之讹也。"从这段记载可以知道，锦帆泾在明代仍能行舟，再往后，到了清顾震涛撰《吴门表隐》时，锦帆泾已"多淤塞"。同是清人的姚承绪，在他的《吴趋访古录》里也说："锦帆泾环绕子城，四面皆水，后多淤塞，酒楼跨其上，仅得小渠一线耳。俗传吴王与诸宫娃锦帆游乐于此。"姚承绪还专门写诗一首，大发感慨："锦帆泾涸故宫芜，重赋吴都海易枯。曾忆春风融暖涨，可堪浅濑长荒芦。运移地轴湖山改，路出城濠水月孤。满目兴亡同寄慨，不如分付酒家胡。"从顾、姚两位清代苏州人的诗文中，我们知道锦帆泾那时基本干涸了，到了民国，干脆被填掉修路了。其实，锦帆泾是夫差之前的吴王僚用来运输织里的丝绸的。

吴国是奠定苏州成为南方丝绸中心地位的一块础石。吴国生产了大量丝绸，除了满足自需，还作为礼品赠送中原各国。吴国公子季札到中原各国观礼时，曾将吴国所产的缟带赠给郑国相国子产。吴王僚执政时，晋国的国君晋平公曾派老臣叔向出使吴国。对叔向的到来，吴人举行了盛大的仪式，汉刘向《说苑》记载："晋平公使叔向聘于吴，吴人拭舟以逆之，左五百人，右五百人，有绣衣而豹裘者，有锦衣而狐裘者。"从这则记载，可以看出吴国蚕丝生产已达到较高水平，绣衣已是较普遍的服饰。大规模发展丝织，需要多养蚕，也就需要多植桑。《孟子·梁惠王章句》："五亩之宅，树之以桑，五十者可以衣帛矣。"当时吴国境内遍布桑林，几乎家家事蚕，户户丝织，蚕桑丝绸已成了吴国的经济命脉。吴楚争桑之战，除了政治考量外，也反证了吴国对于桑蚕生产的重视。这场战争，在吴国一边，更主要的是资源保卫战。

丝绸俨然是吴国的战略物资之一、核心利益来源。吴国用丝绸进行外贸交易，并靠丝绸贸易积累了丰厚的财富，又靠丰厚的财富搞基建、整军备。基建的巅峰是阖闾城，今天苏州老城区就坐落在建于公元前514年的这座大城的基址上。阖闾大城巍峨雄阔，周围47里，城墙底宽2丈7尺，高4丈7尺，8座陆门，8座水门。护城河绕廓环流，河上架有吊桥，桥堍的城廓处装有可以升降的悬门。重要建筑有宫殿园苑、社稷祖庙、卿大夫府邸、供各国使臣下榻的宾馆等。这一幢幢精美的建筑，令人叹为观止。在当时的众诸侯国国都中，阖闾大城的规模是数一数二的。有专家提供依据说，当时鲁国的国都曲阜，据发掘测量，城四边每边都为3000余米，也就是6里多，与阖闾大城相比，真可谓"小巫见大巫"了。就连东周的首都洛邑，据文献记载推算，城周不过40里，也只是与阖闾大城在伯仲之间。

因为阖闾大城，苏州在2500年前脱颖而出，发出了耀眼的光芒。这道光芒照亮了吴地，吴文化也从楚文化、越文化的笼罩下独立出来，逐渐演变为中华文化中重要的一支地域文化。如果没有吴国曾经的强大，这枚果实能否结成，实难断言。春秋时期数以千计的诸侯国，凡日后形成地域文化版图的，无一例外皆是依仗其时国之显赫。因此说，阖闾大城造就了苏州，开启了以苏州为轴心的吴文化之门。而这份辉煌，实乃拜丝绸所赐。

丝绸为吴国创造的财富，还保障了吴军的实力。吴王阖闾依靠军事实力，跻身“春秋五霸”，吴国成为彼时最强大的五个诸侯国之一。《荀子·王霸》将阖闾与齐桓公、晋文公并立，《史记·伍子胥列传》载：“当是时，吴以伍子胥、孙武之谋，西破强楚，北威齐晋，南服越人。”其中的破楚之役，堪称春秋史上最著名的经典战例之一。

吴王阖闾九年（前506），阖闾命孙武统骁勇甲士三万、伍子胥领精锐水师一万，从水陆两路征伐楚国。楚军以二十万之数应战，双方在楚都郢城（今湖北江陵北）郊外摆开阵势，但等决战。楚国令尹（国相）囊瓦自持军数五倍于敌，定能以多克少，一战而胜，故而踌躇满志，坐等吴军来攻。孰料吴军避开楚军正面防守，沿淮水迂回进军，由楚军守备薄弱的东北部直驱楚国腹地江汉地区，打乱囊瓦的部署，逼迫前线楚军慌乱回防，队形大乱。吴军抓住战机，全力冲杀，楚军大溃，溃军相互践踏，被踏死的比被砍死的还多。从辰时战到申时（从8时到18时），楚军全军覆没。此时的楚国，平王已殁，昭王当政，楚昭王见大势已去，弃城而遁。吴军一鼓作气，一举攻陷了郢城。

吴破楚入郢，固然有阖闾决策正确、孙武指挥得当、将士敢于用命、楚国应对失措等诸多因素，但归根结底，还是钱在起最关键的作用。古今中外任何战争，都是烧钱的事情，打的都是经济实力仗。吴王阖闾能取得如此傲人的战果，丝绸为吴国经济做的巨大贡献不能抹杀。

当然，将丝绸和战争联系起来，只是个极端例证，人们普遍认知的丝绸，是柔软的，美丽的，是生命的再现和延续。有人写文章说："丝绸的高贵来自于生命……它是由生命编织而成，那吃饱了桑叶的蚕，让绿叶化作生命的汁液，再一丝一缕吐出，有道是春蚕到死丝方尽，蚕将生命都交付给了那一缕缕的丝。""丝绸，从鲜活的生命里游离出来，蚕的冰清玉洁的生命，而后因缘际会来你身边，完成另一次破茧，从此偎着你。"这些诗意的文字，使丝绸有了对生命的尊重和挚爱。生命的诉求，总是但愿远离战争的。

我们之所以辟这一章，旨在讲述丝绸史的一个节点，即丝绸在吴国发展壮大过程中所起的作用。这一点，以前许多有关丝绸的著作或忽略，或轻描淡写、一笔带过了。如果不改变这样的状况，苏州在吴国时的"江南织造府"雏形、"海上丝绸之路"的先声，以及吴文化与丝绸的关系等一系列重要课题，都是无法深入进行下去的。

为丝绸树一块吴国里程碑,应该是苏州学者当仁不让的义务。

搭上『丝绸之路』的顺风车

仙人子真后，还隐吴市门。不惜十年力，治此五亩园。

汉代最大的一件事是“丝绸之路”的开通。

丝绸之路，简称丝路，一条是陆上丝绸之路，一条是海上丝绸之路。陆上丝绸之路出现于西汉年间（前202—8），张骞出使西域开辟了以首都长安（今西安）为起点，经甘肃、新疆，到中亚、西亚，并连接地中海沿岸国家的陆上通道；海上丝绸之路也形成于西汉。如果再往上追溯，陆上丝绸之路的雏形甚至可以推前至西周，晋郭璞在《穆天子传》记载，周穆王曾携带丝绸、金银西行，与西域各族进行经济、文化的交流。

“丝绸之路”之名，出自德国地质地理学家李希霍芬1877年出版的著作《中国——亲身旅行的成果和以之为根据的研究》：“从公元前114年至公元127年间，中国与中亚、中国与印度间以丝绸贸易为媒介的这条西域交通道路。”这一名词很快被学术界和大众所接受，并被正式运用。1877年，已是清光绪年间，名称的出现总是晚于事实的，汉代通过“河西走廊”将丝绸输往西方，河西走廊实际上就是丝绸之路。西方国家认识中国也是从认识丝绸开始的，因而西方最早称中国为“赛里斯”（丝国），意思是“丝来的地方”。“中国是世界上最早使用蚕丝的国家，中国丝织品在那时已经享有国际盛誉，特别是在罗马帝国，人们把中国丝织品当作极珍贵的物品，对于东方‘丝国’充满着憧憬和向往。他们知道丝国是个大国；他们赞扬丝国的人民诚实、聪明和友好可亲。”（郭沫若《中国史稿》）

河西走廊，东起乌鞘岭（甘肃省武威市，祁连山脉北），西至玉门关（甘肃省敦煌市西北），古称雍州，《尔雅 · 释地》将“河西曰雍州”，这是中原通往西域的要道。西域，最早指周朝诸地，汉以来成为对玉门关 、阳关（今甘肃省敦煌市西南）以西地区的总称，狭义专指葱岭以东的地区，广义则指凡通过雍州所能到达的地区，包括亚洲中、西部，印度半岛，欧洲东部和非洲北部。《汉书·西域传》：“西域以孝武时始通，本三十六国，其后稍分至五十余，皆在匈奴之西，乌孙之南。南北有大山，中央有河，东西六千余里，南北千余里。东则接汉，厄以玉门、阳关，西则限以葱岭（今帕米尔高原）。”

雍州的地理位置十分特殊，汉朝将此地作为经略西北的军事重镇，所以，汉武帝要任用骠骑将军霍去病发起规模空前的“漠北之战”。霍去病与匈奴左贤王激战，斩敌7万多，俘虏匈奴王爷3人、将军83人。霍去病一路追杀匈奴至狼居胥山（今蒙古肯特山），并在这里举行了祭天典礼，又在姑衍山（肯特山北）举行了祭地典礼。“封狼居胥”，从此成为中国历代武将的最高追求，终生奋斗的目标。“封狼居胥”之后，霍去病继续率军深入追击匈奴，一直打到翰海（今俄罗斯贝加尔湖）才收兵。经此一役，“匈奴远遁，而漠南无王庭”（《汉书·匈奴传上》）。河西走廊不再受匈奴控制，被牢牢掌控于大汉手中，丝绸之路全线贯通，畅行无阻。

霍去病的丰功伟绩史书有载、诗词有咏，《史记·卫将军骠骑列传》：“骠骑将军去病率师，躬将所获荤粥之士，约轻赍，绝大幕，涉获章渠，以诛比车耆，转击左大将，斩获旗鼓。历涉离侯，济弓闾，获屯头王、韩王等三人，将军、相国、当户、都尉八十三人。”《汉书·霍去病传》：“票骑之出代二千余里，与左王接战，汉兵得胡首虏凡七万余人，左王将皆遁走。”南朝齐虞羲《咏霍将军北伐》：“拥旄为汉将，汗马出长城。长城地势险，万里与云平。凉秋八九月，胡骑入幽并。飞狐白日晚，瀚海愁云生。羽书时断绝，刁斗昼夜惊。乘墉挥宝剑，蔽日引高旌。云屯七萃士，鱼丽六郡兵。胡笳关下听，羌笛陇头鸣。骨都先自摄，日逐次亡精。玉门罢斥堠，甲第始修营。位登万庾积，功立百行成。天长地自久，人道有亏盈。未穷激楚乐，已见高台倾。”明浦源《寄袁二》：“长安年少羽林郎，骑射翩能事武皇。弓影醉开孤月满，刀头新买百金装。听鸡晓阁疏星白，走马春郊细柳黄。应慕玉门关外去，请缨先系左贤王。”

对丝绸之路的发展有大功的，还有东汉班超。西汉后期，国力衰弱，西域被北匈奴夺去。东汉建立后，汉明帝刘庄决心收回西域，采用“文武”两法，在委派大将窦固、耿秉出兵讨伐北匈奴的同时，派遣班超出使西域。班超率三十六名部下到达鄯善国（今新疆若羌附近）。鄯善王对班超使团前恭后倨，原来是北匈奴也来了使团，鄯善王被拉拢过去了。班超当机立断，果敢行动，率三十六人突袭北匈奴使团驻地。夜色如漆，大风如吼，班超命十名部下携鼓藏在敌驻地后侧，其余人随他持刀枪弓弩埋伏在大门两边，班超顺风纵火，后侧鼓声喧天，北匈奴乱成一团。班超率部下杀入，“超手格杀三人”（《后汉书·班超列传》），北匈奴使团众人或死于刀下，或葬身火海，无一得免。天明，班超把北匈奴使臣的首级送给鄯善王，鄯善王大惊失色，班超好言抚慰，鄯善王表示愿意归附汉朝，并把自己的王子送作人质。

经鄯善一役，班超威名传遍西域，此后31年，在班超的苦心经营下，西域诸国如于阗（今新疆和田市）、莎车（今新疆莎车县）、龟兹（今新疆库车县）、焉耆（今新疆焉耆回族自治县）、姑墨（今新疆温宿、阿克苏一带）、楼兰（今新疆罗布泊西北岸）、温宿(今新疆乌什县)、大月氏（今新疆伊犁）、小月氏（今甘肃及青海一带）、大宛（中亚费尔干纳盆地）等都归附汉朝。班超不仅重新打通丝绸之路，还加强了西域与内地的联系。班超建立的不世奇功，直追西汉张骞，后人对他的评价，甚至胜过张骞，如蔡东藩《后汉演义》：“西汉有张骞，东汉有班超，皆一时人杰，不可多得。吾谓超之功尤出骞上，骞第以厚赂结外夷，虽足断匈奴右臂，而浪糜金帛，重耗中华，虽曰有功，过亦甚矣。超但挈吏士三十六人，探身虎穴，焚杀虏使，已见胆力；厥后执兜题，定疏勒，指挥任意，制敌如神，而于中夏材力，并不妄费，此非有大过人之才智，宁能及此？”班超重新建立起汉朝在西域的主导地位后，派甘英携带大量丝织品出使大秦（罗马帝国），到达条支（今伊拉克境内）。丝绸之路的形成与发展，让罗马人认识了丝绸，丝绸成为他们狂热追求的对象。罗马帝国的统治者恺撒大帝穿了一件中国丝袍在剧院看戏，引起轰动。罗马人觉得丝绸很神秘，并且相信丝绸是从树上摘下来的。古罗马百科全书式作家老普林尼《博物志》就这么说：“赛利斯人们（中国人）以从他们的树林中获取这种毛织品而闻名于世。他们将从树上摘下的丝绸浸泡在水中，再将白色的树叶一一梳落。（丝绸的）生产需要如此多的劳役，而它们又来自于地球的彼方，这令罗马的少女们可以身着半透明的丝衣在大街上炫耀。”

罗马人迷恋丝绸，古罗马的市场上丝绸的价格曾高至每磅约12两黄金，堪称天价，造成罗马帝国黄金大量外流。元老院着急了，制定了法令禁止人们穿着丝衣，但理由不是制止黄金外流。罗马帝国一直夸口自己是富得冒油的，有用不完的黄金，怎么能因为黄金的外流而恐慌呢？这个台坍不起。于是，他们编了个很荒谬的理由，说赛利斯丝织品不道德。古罗马政治家、作家塞涅卡在他的《雄辩集》里就是这么说的：“我所看到的丝绸衣服，如果它的材质不能遮掩人的躯体，也不能令人显得庄重，这也能叫作衣服？少女们没有注意到她们放浪的举止，以至于人们可以透过她身上轻薄的丝衣看到她的身躯。”然而，元老院的禁令到头来只是一纸空文，通过丝绸之路源源不断涌来的汉朝丝织品依旧受到热捧，依旧引领着时尚，依旧是罗马人身份、地位、财富的象征。传说，这股潮流还从罗马传到了埃及，埃及艳后克利奥帕特拉酷爱丝绸制品，接见外国使节一定要穿丝绸衣服。

埃及艳后是古埃及托勒密王朝最后一任女法老，法老是古埃及国王的尊称。克利奥帕特拉凭借其倾国倾城的姿色，使罗马帝国的统治者恺撒及罗马军队最重要的军事指挥官安东尼均拜倒在她石榴裙下，和她关系密切，承诺不吞并埃及。克利奥帕特拉传奇的一生，使她成为西方文学和艺术中的著名人物，许多作品都说她用美色保全了一个王朝。我们却认为，是中国汉代的丝绸，保全了埃及艳后的托勒密王朝。据说，当初恺撒看中了克利奥帕特拉，克利奥帕特拉却不想当恺撒的情妇，恺撒送了一堆珍珠宝石，都没能打动这位美人，直到有一天恺撒送去了“赛利斯绸衣”，克利奥帕特拉再也抵不住诱惑，当夜就请恺撒到她寝宫看她试新衣了。屋大维成为罗马皇帝后，软禁了克利奥帕特拉，埃及沦为罗马的一个行省。埃及艳后用一条毒蛇咬自己的小拇指自杀。她香汤沐浴，将自己洗得干干净净，穿上最喜欢的一件绸袍，平静地把右手小拇指伸进蛇笼，结束了自己的生命。

丝绸不仅是丝路上重要的奢侈品，也是中国历代王朝的一种有效的政治工具,中国使节出使西域乃至更远的国家时,往往将丝绸作为表示两国友好的礼物。自从张骞第一次出使西域各国,向汉武帝详细报告了西域的形势后,汉武帝对争夺西域控制权的战略目标做了提升,将原来单纯地制御匈奴,变成了"且诚得而以义属之,则广地万里,重九译,致殊俗,威德遍于四海"。(《史记·大宛列传》)为了促进西域与大汉王朝的交流,汉武帝招募了大量商人,前往西域各国经商。两汉时期穿梭于河西走廊的,以徽商、晋商、回商、江浙商人居多。江浙商人主要经销丝绸,是丝绸之路的重中之重,因此,也可以说丝绸之路的起点实际上已从长安延伸到了苏杭。活跃于丝绸之路上的苏杭商人,依靠贩运丝绸都成了富贾,这就极大地刺激了两地养蚕织绸的积极性。多养蚕就要多植桑,当时苏州城外就不说了,城内也有许多桑园。据考证,现存桑园里等地名皆是历史遗响。现在苏州闹市区黄金地段的民治路、大公园、乌鹊桥、网师园一带,两千年前也被大片桑林占据。其中五亩园,在桃花坞东北部、西大营门北端西侧,苏州人都称它为"张长吏桑园"。

长吏指地位较高的官员。张长吏名叫张苍,年轻时师从战国儒家大师荀子,与韩非、李斯是同门师兄弟。他仕秦时为御史,负责管理图籍文书,秦末天下大乱,他脱离秦廷投奔了刘邦。刘邦建立西汉,张苍为开国功臣,任代国相国,封北平侯,秩两千石。秩,年俸;石,容量单位,一石约27斤。秩石制起源于秦国,汉承秦制,成为定制,一直延续到魏晋南北朝，前后推行约千年。西汉时秩石等级从丞相至佐史，共20多级，按级别给谷。张苍寿长，官运旺，从汉高祖时立于朝堂，一直做到汉景帝时，年近九十才致仕。《史记》有《张丞相列传》，司马迁对他评价很高："汉家言律历者，本之张苍。苍本好书，无所不观，无所不通，而尤善律历。"退休后的张苍身体还很康健，还能游历全国，游到苏州相中了一块地，就留下来不走了，引水凿池，伐木为庐，休闲养生，安度晚年。他取孟子"五亩之宅，树之以桑"，将这块地命名为"五亩园"。五亩园的"五亩"，是谦语，其实际面积有百余亩。张苍还真在宅前屋后种植桑树，采桑叶卖给蚕农，换些沽酒钱。丝绸之路上，说不定也曾运输过用张长吏桑园的新鲜桑叶喂的蚕吐出的丝织成的绸。张苍104岁去世，棺木运回老家阳武（今河南阳武县）安葬，五亩园筑有衣冠冢，表示灵魂不离。

张苍衣冠冢还有后续故事，这个故事扯上了宋代梅宣义。宣义，宣义郎的省称，官职名。梅宣义，名庭老，吴郡人。北宋熙宁年间，归隐回乡的梅庭老，购得荒废了的五亩园，耗时十年，构筑了一座园林，园中多植梅树，又因新主人姓梅，故名"梅园"。新园筑成，梅庭老心情愉悦，搬一张靠椅，在梅树下坐着，欣赏园景。春日和煦，梅影染身，梅庭老不由醺醺然，不觉就小睡了过去。迷迷糊糊间，见一银须皓发的老先生站在他面前，说："起来，起来！这里我才是主人，你须还给我。"

梅庭老估摸老先生年逾百岁，不敢不敬，赶忙离开靠椅，双手扶老先生坐了，谦恭地问："敢问前辈来此，有何赐教？"

老先生说：“你占了我的地也就罢了，不该把桑树全砍了。”

梅庭老心想，我姓梅不姓桑，我把一些桑树桩挖了，栽上梅花，以显我姓，有何不可？我又不认识你，你怎的就来教训我！梅庭老虽然有点生气，但他是个涵养很好的人，脸上并未露出半分不满，仍很温和地说：“前辈有教我者，我洗耳恭听。”

老先生说：“我要讲的，也不是什么深奥道理，你读书也不少，理应懂得梅固雅洁，足以喻人之品性，但桑关乎社稷民生，无桑何来蚕，无蚕何来丝，无丝何来你身上的衣？去桑栽梅，在园子言，趣也，无关对错，但在心里，却不能贬桑，切记，切记！”

说罢，化作一缕青烟，消失了。梅庭老一惊，就此醒来。回味梦境，似有所悟。

梅庭老和苏东坡是至交，苏东坡此时在杭州当通判，相当于副市长。一有空，苏东坡就会跑到苏州来看望老朋友，品茶喝酒，唱和诗词。这天他又来到苏州，进了梅园，对酌间，梅庭老谈到了那个梦。苏东坡博学多识，一听便说：“那是五亩园的老主人，从汉朝跑到你梦里来，一千两百多年，不容易啊！他原有个衣冠冢在这里，虽早已被踏平，痕迹全无了，但他的在天之灵，还留在这里啊！你腾出一间屋来，替老先生树块长生牌位吧。”

苏东坡还以此为题，写了一首《寄题梅宣义园亭》：“仙人子真后，还隐吴市门。不惜十年力，治此五亩园。初期橘为奴，渐见桐有孙。清池压丘虎，异石来湖鼋。敲门无贵贱，遂性各琴樽。我本放浪人，家寄西南坤。敝庐虽尚在，小圃谁当樊。羡君欲归去，奈此未报恩。爱子幸僚友，久要疑弟昆。明年过君西，饮我空瓶盆。”苏东坡诗中重提五亩园，意在强调原名的来源。

《孟子·梁惠王章句》云：“五亩之宅，树之以桑，五十者可以衣帛矣。鸡豚狗彘之畜，无失其时，七十者可以食肉矣。百亩之田，勿夺其时，数口之家可以无饥矣。谨庠序之教，申之以孝悌之义，颁白者不负戴于道路矣。七十者衣帛食肉，黎民不饥不寒，然而不王者，未之有也。”译成现代话是：每家给他五亩土地种植桑树，那么，五十岁以上的人都可以有丝织衣服穿了。鸡狗与猪这类家畜，好好去饲养使其繁殖，那么，七十岁以上的人就都有肉可吃了。一家给他一百亩土地，并且不去妨碍他的生产，数口人的家庭便都可以吃得饱饱的了。办好各级学校，反复地用孝顺父母、敬爱兄长的道理来开导他们，那么，须发花白的老人便会有人代劳，不致头顶着、背负着东西在路上行走了。

梁惠王向孟子请教治国之策，孟子说了这么一番话，提出了自己的“仁政”主张，希望治国者减轻徭役，发展农林牧渔生产，使百姓免于饥寒，并在此基础上兴办教育，提倡孝悌，使人向善，社会安定，国家兴盛。当然，要想做到这些，必须发展经济。而经济要发展，农桑废不得。张苍所处的汉初，由于几代皇帝采取“轻徭薄赋”“与民休息”的政策，重农桑，奖生产，终于迎来了“文景之治”。苏州五亩园，还蕴有这样的意义呢。

从五亩园的故事，我们看到自汉至宋，苏州人对蚕桑丝织都特别重视。这是因为这里的丝绸生产比其他地方发达。苏州的丝绸重镇地位，与汉朝丝绸之路的开辟有着极大关系。两汉时期，苏州民间普遍养蚕织绸，一家一户、男耕女织的生产方式成为当时经济生产的主要形式，丝绸生产技术由生织发展到熟织、素织和色织，产品也由平纹生织的缯发展到斜纹组织的绫、缎、锦、绮、罗，形成了各自的特色。丝绸之路给苏州丝绸插上了翅膀，苏州丝绸在汉代完成了它的第一次腾飞。

我们都知道，东汉有一桩重大发明——造纸术，范晔《后汉书·宦者列传》:“蔡伦，字敬仲，桂阳人也。……永元九年，监作秘剑及诸器械，莫不精工坚密，为后世法。自古书契多编以竹简，其用缣帛者谓之为纸。缣贵而简重，并不便于人。伦乃造意，用树肤、麻头及敝布、鱼网以为纸。元兴元年奏上之。帝善其能，自是莫不从用焉，故天下咸称‘蔡侯纸’。”在真正的纸出现之前，书信、公文、图籍要么刻在竹简或木简上，要么缮在按书写需要裁好的白色丝织品——缣上。纸的大量生产与普及需要一个过程，因此，东汉及随后的南北朝，缣仍是主要的书写载体。缣帛文献约起源于春秋时代，盛行于两汉，与简牍以及其后的书写载体并存了很长一段时期。

有一个词叫“鱼雁传书”，比喻书信往来。这种“传书”让人感觉很美，信使美、动作美、传的书也美，因为这个书是缣书。如果是纸质的书信，绑在大雁腿上或塞在鱼肚里，风撕水浸，怎经得起千里传递，还未到收信人手中，纸就烂了。

缣书塞在鱼肚里传递，古人称“鱼书”或“鱼素”，经常出现在诗词里，如汉无名氏《饮马长城窟行》“长跪读素书，书中竟何如”，唐韦皋《忆玉箫》“长江不见鱼书至，为遣相思梦入秦”，元方回《赠吕肖卿三首》“溢浦释鱼素，阳山杳雁程”，清吴伟业《送何蓉庵出守赣州》“小字裁鱼素，长亭响鹿车”，等等。其实，鱼素并非真的把缣书塞在鱼肚里，而是为使信件在传递过程中不被损毁，古人常把书信扎在两片竹简中，简多刻成鱼形，故称。真正将书信塞入鱼肚传送的，历史上有过一回，发生在秦末。

《史记·陈涉世家》：“乃丹书帛曰‘陈胜王’，置人所罾鱼腹中。卒买鱼烹食，得鱼腹中书，固以怪之矣。又闲令吴广之次所旁丛祠中，夜篝火，狐鸣呼曰‘大楚兴，陈胜王’。”秦朝末年，陈胜、吴广被抓去当兵，因大雨耽误了行程，按律当斩，为了活命，两人只好起兵造反。造反前陈胜请算命先生算了一卦，后在白绸上写“陈胜王”塞入鱼腹，并令吴广半夜在古庙用竹笼罩上篝火，学狐狸叫“大楚兴，陈胜王”，为起义造势，第二天揭竿而起，打响了推翻暴秦的第一枪。这就是有名的“狐鸣鱼书”事件，是陈胜用来发动群众的措施，“如狐鸣鱼书之类，至诈为吉兆以动众”（宋罗大经《鹤林玉露》）。

还有一个与缣书有关的著名故事——鸿雁传书。天汉元年（前100），苏武出使匈奴被扣留，牧羊北海（今贝加尔湖），十九年持节不屈。待到汉昭帝与匈奴和亲，汉使问起苏武之事，匈奴单于谎称苏武早已死了，但这位使者私下里打听到苏武仍活着，回去后报告了汉昭帝。霍光想出了一个计谋，又派去一个使者，对单于说：“大汉天子喜欢打猎，一日射下一只大雁，雁腿上系着一封信，是苏武的亲笔信，上面写着苏武尚在北海牧羊。”单于无法抵赖，只好放了苏武。

丝绸，乱世中的逆袭

采桑盛阳月，绿叶何翩翩。攀条上树表，牵坏紫罗裙。

南朝《乐府》中有两首《采桑度》，专门描写吴地采桑女，其一有“采桑盛阳月，绿叶何翩翩。攀条上树表，牵坏紫罗裙”之句。让我们看到了采桑女在明媚的春日，上树采桑的愉快心情和灵巧身姿。其二有“春月采桑时，林下与欢俱。养蚕不满百，那得罗绣襦”之句，告诉我们采桑女和情哥哥在桑林相会之时，还惦念着采桑养蚕之事。

南朝（420—589），是东晋灭亡之后、隋朝统一之前，存在于中国南方，以建康（今南京）为都城的宋、齐、梁、陈4个汉人政权的总称。南朝与鲜卑人或鲜卑化汉人在中国北方地区建立的北魏、东魏、北齐、西魏、北周等5个王朝（386—581）对峙，合称南北朝。南北朝是一个战乱频仍、社会动荡的历史时期，政权更迭像走马灯似的，“你方唱罢我登场”，城头变幻大王旗，并列的小王朝相互攻杀，人命如蚁，生灵涂炭，有史记载的骇人听闻的屠城达47次，毁灭70多座城池。时人悲叹："北地苍凉，衣冠南迁，胡狄遍地，汉家子弟几欲被数屠殆尽。"在这样黑暗的时代，《采桑度》展现的却是一个个阳光明媚、欢乐采桑的镜头，采桑女身穿紫罗裙，穿梭绿叶间，甚至还与情人林下幽会，这份浪漫哪里来的呢？

原来，南朝相对北朝，局势比较平稳，社会比较安定，百姓的日子还过得下去，所以会有一种乱世下的江南太平景象。南朝的4个政权，存在的时间都较短，其中存在时间最长的宋为59年，最短的齐仅23年。虽然他们的存在都不过几十年，但因为由汉人政权统治，使汉文化得以保存和发展。如果没有南朝的存在，汉族很可能如一些北方民族一样，即便不被完全消灭，人口也会大大减少，使华夏文明停滞不前。南朝在中国历史上有着极其重要的地位，为华夏文明的延续、发展和复兴做出了不可磨灭的贡献。南朝的各个政权都对经济进行了大开发，北朝百姓纷纷迁徙至南朝，"洛京倾覆，中州士女避乱江左者十六七"（《晋书·王导传》）。南方人口大量增加，商业和手工业也有了很大的发展，为中国古代经济重心的逐渐南移奠定了基础。

这就需要说到一个人、一件事了，这个人就是刘裕，这件事就是设"锦署"。

刘裕（363—422），丹徒（今江苏镇江）人，南朝宋开国皇帝。史学家为了不与赵匡胤的"宋"混淆，将刘裕的宋称为"刘宋"。刘裕原是东晋的大将，因军功卓著，位极人臣，东晋元熙二年（420），刘裕代晋自立，登基称帝。刘裕出身孤寒，知道稼穑艰辛，因而平时清简寡欲，生活节俭，不喜奢侈。他在位虽只有两年，但颁布了许多利国利民的政策，减轻农民赋役，废除苛繁法令，让百姓在宽松的环境中休养生息，发展生产。在国都建康（今南京）设立“锦署”，也是其措施之一。

东晋义熙十二年（416）八月至次年八月，刘裕领太尉衔，率军北伐。太尉，军事最高长官，相当于今天的国防部长。刘裕军所经之处，受到民众的拥戴，民众竞送义粟，保障了大军的后勤。晋军攻克长安（今西安），灭后秦，刘裕班师回朝时，《资治通鉴》载：“三秦父老闻裕将还，诣门流涕诉曰：‘残民不沾王化，于今百年，始睹衣冠，人人相贺。长安十陵是公家坟墓，咸阳宫殿是公家室宅，舍此欲何之乎！’”挽留之情感人肺腑，也道尽了北方人民饱经战乱之苦，渴望国家统一、家居安稳的心理。

刘裕驻扎长安之日，帐下有个姓石的虎贲中郎将，四品，秩比2000石。魏晋南北朝实行九品中正制，官分九等，虎贲中郎将为中级武官。这个石某官阶虽不高，却是出奇的骄横，一次与一名将军一言不合，竟捋起袖管，把对方狠扁了一顿。这个将军官居二品，石某如此以下犯上，是要按军法处置的。可是，刘裕并未惩罚石某，反倒斥责被打的将军：“你也老大不小了，恁地不晓事！知道他脾性如此，你若回避了，也不致受辱了。”刘裕为何如此袒护石某呢？原来，隆安五年（401），刘裕奉晋安帝之命，平孙恩之乱，两军激战于丹徒，敌众我寡，刘裕被围，眼看将被生擒，在这危急关头，石某率百人敢死队，拼死杀开一条血路，方使刘裕脱险，有机会重整旗鼓，大败叛军，迫使孙恩投海而死。石某对刘裕有救命之恩，只要不犯死罪，刘裕皆予以宽纵。

晋军进入长安后，一日石某喝得酩酊大醉，不在营房休息，却去街上晃荡。他脚步踉跄地经过一户人家门前，见一少女模样可人，便上前调戏，动手动脚，口出秽言。户主出来拦阻，石某恼羞成怒，拔刀就把户主杀了，杀得兴起，干脆连户主的老婆、女儿一并杀了。南北朝时，带兵将领动辄杀人数百上千，根本不当回事。刘裕统率的军队，军纪尚算好的，但这类事也屡有发生。刘裕大多睁只眼闭只眼，为的是让部下心存感激，临战时肯卖命。石某无端连伤三命，在他自己想来，芝麻绿豆大的事儿，谈也谈不上的。他回到营房，就已忘了此事，倒下便睡，不久就鼾声大作。

睡梦中，他被推醒，心中好大不快，但未等他发作，已被绳捆索绑，架到主帅大帐。刘裕一脸凝霜，掷下令箭，吐出一个字"斩"！石某当即被拖出辕门，刽子手扬起鬼头刀，一道寒光一闪，石某身首异处。刘裕在誓师北伐时，就已晓谕全军，进军途中须善待工匠，不得欺凌，如有违反，决不轻饶。石某所杀一家三口，户主是长安有名的织锦匠，石某算是撞到了枪口上。刘裕平素那么宽纵石某，今日将这员爱将正法，将领无一不惕惧，从此再也无人敢罔顾这道军令。刘裕借石某一颗人头，保全了北方无数工匠。

刘裕将后秦百工全部迁到建康（今南京），其中织锦工占很大比例。后秦的织锦工继承了两汉、曹魏、西晋的织锦技艺，刘裕以这批织锦工为骨干，设立了一个官营织造机构，名“锦署”。从这个名称就可知道，这是主要生产锦缎的机构。三年后，刘裕废晋恭帝，自己当了皇帝，对“锦署”更加看重。《宋书》有宋武帝刘裕“劝课耕桑，使宫内皆蚕”，皇后“率六宫躬桑于西郊，皇太后观礼”的记载。颜之推《颜氏家训》有“河北妇人，织纴组训之事，黼黻锦绣罗绮之工，大优于江东也”，民国朱启钤《丝绣笔记》有“唐时越人织法，自北地传来”。这些记述，都是对刘裕迁百工，给南方带来先进织锦技艺的认可。

500年后，赵匡胤篡周建宋。这个“周”是五代最后一个王朝，史称“后周”。历史真是有很多巧合，赵匡胤也是因功擢升，大权独揽，废掉的是后周恭帝，简直就是刘裕故事的翻版。而且，赵匡胤也在汴京（今开封）建立规模庞大的织造工场，生产各种绫锦。北宋诗人杨备游建康，访寻刘宋锦署遗址，有感而发，赋诗一首，诗名就叫《锦署》：“人衣褴褛地衣红，不念家家杼轴空。厥篚织文应岁贡，更翻新样集机工。”杨备诗中所言“新样”，指云锦。刘宋锦署出产的彩锦，至宋代演变成云锦，“织采为文曰锦”（南宋戴侗《六书故》），“锦以五色丝织成文章，故字从帛从金”（明李时珍《本草纲目》），“江南好，机杼夺天工。孔翠装花云锦烂，冰蚕吐凤雾绡空，新样小团龙”（清吴梅村词）。刘宋锦署因此被专家论定为南京云锦的诞生地。

南京云锦因其绚丽多姿、美如天上云霞而得名，与成都蜀锦、苏州宋锦、广西壮锦并称“中国四大名锦”。在古代丝织物中,“锦”代表最高丝织技术水平。南京云锦集历代织锦工艺之大成,用料考究、织造精细、图案精美、锦纹绚丽、格调高雅。《释名·采帛》:“锦,金也。作之用功重,其价如金。故其制字帛与金也。”云锦最高档的,是用黄金打成箔,切成丝,捻成线织就,故有“寸锦寸金”之说。

从彩锦到云锦的过渡中,有个重要角色,那就是苏州缂丝。缂丝与刺绣、玉雕、景泰蓝并称“中国四大特种工艺品”,是中国传统丝绸艺术品中的精华。缂丝制作精良、浑朴高雅、艳中带秀,在丝织品中位列最高品第,有“织中之圣”之美誉。缂丝采用“通经断纬”工艺,以生蚕丝为经线,彩色熟丝为纬线,各色纬丝按照预先描绘的图案,仅于图案花纹需要处与经丝交织,不贯通全幅,使织物上花纹与素地、色与色之间呈现一些断痕,类似刀刻,“承空观之如雕镂之像”,故亦称“刻丝”。缂丝这种“雕刻丝绸”的技艺,费时费工,完成一件作品需要几个月乃至一年以上,甚至十余年,直接导致了其价格之昂贵,有“一寸缂丝一寸金”之说。

苏州缂丝起源于何时已难考证,据史籍中相关零星词语推测,新石器晚期可能已有原始缂丝的痕迹,商代缂丝织物制作工艺已具雏形,到了汉魏,缂丝已是一门较成熟的工艺,这是有考古实物支撑的。在内蒙古出土的汉代“山石树”丝织残片,经鉴定,它的织造方法显然属于“通经断纬”,与北京双塔出土的宋缂丝“紫汤荷花”完全一样。苏州和南京相距不远,两地的工艺交流很方便,刘裕锦署吸收了苏州缂丝“通经断纬”工艺，加以变通，改为只有妆花部位使用这个工艺；将缂丝使用的单动式双综双蹑织机改为大花楼束综妆花提花机；由一人操作改为提花工和织造工两人配合完成，云锦诞生的条件由此具备了。可以说，苏州缂丝对云锦的产生功不可没。

南京云锦有个孪生姐妹——苏州宋锦。宋锦和云锦师出同门，都受惠于锦署，得益于缂丝。刘裕迁百工的命令传到四川，南朝宋成都郡守山谦之将蜀锦织工、机器迁至江南，一部分落在建康，一部分送至苏州。成都蜀锦自汉代起就相当繁荣，已有专门的锦官，并建有锦官城，将作坊和工匠集中在一起管理，成都也因此被称为锦城、锦官城，濯锦的河流也被称作锦江。定居苏州的这部分成都织工在蜀锦基础上，借鉴苏州缂丝工艺，很快创造出“两经（面经用本色生丝、底经用有色熟丝）三纬（纹、地兼用的色纬和两种专用的纹纬）”、经纬线联合显花、彩抛换色的独特技艺，使织物表面色线和组织层次更为丰富。这就是后世所称的“宋锦”。这一技艺又被云锦所吸收，并一直流传到当代的织锦上。

“宋锦”之名，与刘宋沾些边，但名称的真正落实是在两宋。两宋指北宋、南宋。北宋初年，成都设“转运司锦院”，将众多技艺高超的川蜀织工迁往都城汴京，并在汴京开设“绫锦院”。《宋会要辑稿·职官》：“绫锦院又在昭庆坊（开封旧城东北隅），太祖乾德四年（966）以平蜀所得二百人，置内绫院；太平兴国二年（977），分东西二院；端拱元年（988）合为一，以京朝官、诸司使副、内侍三人监，兵匠千三十四人。”北宋皇位传至徽宗赵佶，他不想着如何治理国家，而将权力交给了一班奸佞，让他们去搜刮民财，供自己穷奢极侈、纵欲享乐。他在位25年，把好端端的一个大宋朝，搞成了再难复原的烂摊子，亡国的结局已无可避免。宋朝的腐败被金国看在眼里，于是，金国发兵大举南下，紧急军报像雪片一样落到赵佶御案上，令他心惊肉跳，惶惶不可终日。一筹莫展之际，他把责任推给了嫡长子赵桓，行过禅让之仪，他就退居龙德宫，当起了太上皇。赵桓即位，是为宋钦宗。赵桓平庸，根本扭转不了局面，在龙椅上刚坐了两年，汴京就被金兵攻陷，徽、钦二帝连同后妃、宗室，百官数千人，以及教坊乐工、技艺工匠、法驾仪仗、冠服礼器、珍宝玩物、皇家藏书、天下州府地图等，一并被掳往北国，押送至五国城（今黑龙江省依兰县）。北宋自太祖开国，传至钦宗，共历九主，凡167年，至此灭亡。因事发靖康年间，史称“靖康之难”。

徽、钦二帝被掳往金国为囚之时，徽宗第九子、钦宗胞弟康王赵构因在相州（今河南安阳），侥幸逃脱。北宋灭亡，赵构登基称帝，为宋高宗。高宗下诏改年号为“建炎”，中国历史进入了南宋时期。河南离前线太近，赵构怕金兵随时都会杀来，自己将步父兄后尘，于是便往南迁移，改杭州为临安府，作为都城。建炎南渡，沦陷区的官民等纷纷跟着往江南跑，劫后余生的“绫锦院”织工也来到了江南，散落在苏、杭。朝廷以这些织工为班底，招纳了大批当地织工，在临安复建了“绫锦院”，在平江府（今苏州）设立了“织锦院”。南宋平江织锦院的织锦工艺，吸收各家所长，形成了独特风格，以至于后世谈到锦，必称“宋锦”。

由于宋锦产量的不断增长，南宋皇帝恢复了北宋的传统，按季节赏赐文武百官锦服，称“臣僚袄子锦”。北宋孟元老《东京梦华录》有“十月一日，宰臣已下受衣着锦袄三日”。南宋吴自牧《梦粱录》有“朔日，朝家赐宰执以下锦，名曰授衣。其赐锦花色，依品从给赐。百官入朝起居，衣锦袄三日”。由这两部时人笔记可以看到，这个赐衣制度是有所传承的。朝廷迎新、朝会、出巡、祝寿等重大活动中，文武官员着锦衣、穿锦袄的场景，可在《东京梦华录》找到，笔墨生动，令人如目睹。

宋锦的花纹丰富多彩，色彩林林总总。《宋史·舆服志》《宋会要缉稿》以及南宋周密《齐东野语》都有大量记录，后人著作如元代费著《蜀锦谱》、陶宗仪《南村辍耕录》，明代曹昭《格古要论》、王鏊《姑苏志》、项元汴《蕉窗九录》，清代《苏州府志》，近代朱启钤《丝绣笔记》都有宋锦相关记述，被录入明董其昌《筠轩清閟录》的宋锦锦样达50余种。

宋锦产品分大锦、盒锦、小锦。大锦又分重锦和细锦，重锦质地厚重，主要用于宫殿、堂室内的陈设；细锦是宋锦中最具代表性的一类，厚薄适中，广泛用于服饰、装裱。盒锦用真丝与少量纱线混合织成，图案连续对称，多用于书画的立轴、屏条的装裱；小锦用天然蚕丝织成，制作的服饰高贵典雅，尽显身份。

宋锦质地柔软坚固，图案精美绝伦，耐磨且可以反复洗涤，适用于多种用途，解决了丝绸类手工艺品缺乏实用性的问题，这是个很大的优势。因其主要产地在苏州，故又称“苏州宋锦”。苏州宋锦被赋予“锦绣之冠”的荣耀。

南北朝和“靖康之难”，都是中国历史上的大动乱时期。在这两个时期中间，还夹着五代十国时期，也是够血腥的。五代十国的情况，我们放在下一章讲。在这三个历史时期，中国北方成了屠宰场，社会遭到的破坏触目惊心，经济受到严重摧残，民生凋敝，幸而南方还相对安定。丝织业的重心一次次南移，缂丝和宋锦的相继问世，使苏州在春秋吴国时已见端倪的苏州丝绸中心的地位得到了进一步加强、巩固，为苏州赢得了“丝绸之府”的美誉。

苏州丝绸的名声，将蚕神也吸引来了。南朝宋东阳无疑《齐谐记》：“正月半有神降陈氏之宅，云是蚕室，若能见祭，当令蚕百倍。今人正月半做糕糜，像此也。”南朝梁吴均《续齐谐记》讲得更确凿、更具体：“吴县张成夜起，见一妇人立宅东南角，谓成曰：‘此地是君蚕室，我即地神。明日正月半，君宜作白粥泛膏于上，以祭我，当令君蚕百倍。’言绝失之所在。成如言，自此后大得蚕。”这个神话故事，反映的是苏州蚕桑丝织生产在南朝的情况。

丝绸在乱世中的逆袭，实在是值得庆幸的事。

梦回《霓裳羽衣曲》

幽燕盛用武，供给亦劳哉。吴门转粟帛，泛海陵蓬莱。

南北朝过后，是隋唐。魏晋南北朝时期，北方战乱不断，南方相对稳定，丝绸中心第一次从中原迁往江南，江浙的丝绸生产得到大发展。苏州原就有较高的丝绸工艺基础，再结合中原传来的先进技术，自然就成了江南丝绸中心的大本营。苏州丝绸积蓄了足够的能量，等待着喷薄的一天。

这一天在公元581年到来了，这一年，隋朝横空出世。隋朝是南北朝之乱后汉族重新建立的大一统王朝，具有重要的历史地位，虽只存在了38年，却创造了许多辉煌的业绩，它创立的三省六部制、科举制，开凿的大运河，都对后世产生了深远影响。

特别是大运河，更是千秋功业，遗惠万世。隋朝大运河始建于隋炀帝大业元年（605），以洛阳为中心，南起余杭（今杭州），北至涿郡（今北京），耗时六年，连通黄河、淮河、长江、钱塘江、海河五大水系。《资治通鉴》:“敕穿江南河,自京口至余杭八百余里,广十余丈,使可通龙舟,并置驿馆、草顿,欲东巡会稽。”隋朝“短命”,大运河带来的繁荣要到唐代才体现出来,所以学者习惯于将这一时期的大运河称为隋唐大运河。元代对大运河截弯取直,此后世人通称大运河为京杭大运河。京杭大运河全长1794千米,是世界上最长、最早的人工运河,约比苏伊士运河长近10倍,比巴拿马运河长20多倍,它被人们视为中国古代工程奇迹之一。

《红楼梦》里有个人物薛宝琴,作了一首《广陵怀古》:“蝉噪鸦栖转眼过,隋堤风景近如何?只缘占尽风流号,惹得纷纷口舌多。”这是曹雪芹借小说人物之口,为隋炀帝杨广鸣不平。唐皮日休《汴河怀古二首》中有:“尽道隋亡为此河,至今千里赖通波。若无水殿龙舟事,共禹论功不较多。”讨论的也是隋炀帝在大运河上的功过得失。隋炀帝这个人名声不佳,但是,倘若客观地看,应该承认这是一个愿意做事的皇帝,而且还是做大事的。也正因为他在位短短5年,却做了几代帝王都来不及做的事,透支了国力民力,才造成天下大乱,国家覆亡,身遭横死的结局。

隋炀帝的功过,留给史学家去争论,我们关注的是丝绸在隋朝的境况。大业三年(607),杨广到榆林巡察,为安抚少数民族,他设宴招待东突厥可汗及契丹、奚、霫族的族长,赠送他们大量丝织品。大业五年(609),杨广巡河右,到甘肃陇西,西上青海横穿祁连山,经大斗拔谷北上,到达河西走廊的张掖郡。他在张掖款待西域27国君主，又馈赠大批丝绸。大业六年（610）元宵节，杨广下令装饰市容，树木皆缠以丝织品。仅此数例，就不难想象隋朝的蚕丝之多，丝织业之盛。

隋朝丝绸的昌隆，与大运河的开通密切相关。大运河自长江南岸谏壁口经丹阳、常州、无锡、苏州、平望至杭州这一段被称为江南运河，其流经的原就是丝绸生产最发达的城镇，自从有了运河之利，丝织业的发展自然是百尺竿头，更进一步了。

大业十三年（617）五月，李渊在晋阳（今山西太原）起兵，十一月攻入长安，遥尊隋炀帝为太上皇，拥立隋炀帝之孙杨侑为皇帝。杨侑名义上是皇帝，实际是李渊的傀儡。次年，隋炀帝在江都（今扬州）被叛军缢杀；同年五月，李渊逼杨侑退位，自行称帝，改国号为唐，李渊即唐高祖。唐朝的文化、制度、社会特点与隋朝一脉相承，故史学家常将两朝合称为隋唐。“李唐传世将三百年，而杨隋享国为日至短，两朝之典章制度传授因袭几无不同，故可视为一体。”（陈寅恪《隋唐制度渊源略论稿》）隋朝为唐朝做了铺垫，唐朝立在隋朝的肩膀上，成了全球巨人，是中国历史上统一时间最长、国力最强盛、社会最开放、经济最繁荣、军事最强大、文化最灿烂的朝代。

唐朝全面接收了隋朝的成就，包括大运河。大运河上的璀璨明珠苏州，成了大唐王朝的聚宝盆。苏州创造的财富，对王朝贡献巨大。韩愈说：“赋出天下，而江南居十九。以今观之，浙东西又居江南十九，而苏、松、常、嘉、湖五郡又居两浙十九也。”白居易言：“十万夫家供课税。”“当今国用，多出江南，江南诸州，苏最为大。”苏州是中央政府的重要纳税大户，这个传统一直沿袭到当代。由于对朝廷做出了如此大的贡献，苏州顺理成章上升为京城之外的“雄州”，相当于现在的特大城市。苏州粮赋对边防也起到了直接支持作用，杜甫《昔游》诗云：“是时仓廪实，洞达寰区开。猛士思灭胡，将帅望三台。君王无所惜，驾驭英雄材。幽燕盛用武，供给亦劳哉。吴门转粟帛，泛海陵蓬莱。”他在《后出塞五首》中，又特地点明：“云帆转辽海，粳稻来东吴。”除了稻粮，丝绸也是苏州上缴的大宗物品，故杜甫诗中有“吴门转粟帛”之句。

苏州丝绸经大运河输入长安，朝廷留下部分自用，另外部分便用作外贸。为保证外贸渠道畅通，大唐帝国开始了对西域的经略，并且将其作为一项基本国策和战略予以贯彻落实。隋、唐交替之际，中央政府顾不上边陲的治理，高昌王麴文泰乘机反叛，唐太宗李世民发兵讨伐，击溃叛军，又仿两汉设置安西四镇，西域于是安定，和中原开通“绢马贸易”，唐朝政府用丝绸换西域各国的军马。白居易《阴山道》：“五十匹缣易一匹，缣去马来无了日。”“元和二年下新敕，内出金帛酬马直。”丝绸直接当货币用了，这是唐朝丝绸之路的一大特色。

丝绸之路在唐代再度辉煌，苏州也再次连上了这条外贸“高速路”。在大食（阿拉伯）、波斯（伊朗）等国，都能听到吴侬软语，一问，原来是从苏州贩丝绸来的。唐朝靠它的实力，具有“走出去”的自信，把影响力扩往远近各国；苏州商人靠地方经济的发达，把贸易做到海外去。丝绸就是“走出去”的

“国家名片”，是苏州的骄傲。

考《唐六典》《元和郡县志》等史书的相关资料，可发现唐代江南的丝绸贡品花色最多，数量最大，除了进献白编绫、吴绫等大宗丝绸外，还进奉红纶巾、宝花罗、文吴绫、吴朱纱、御服鸟眼绫等丝织物数十种，这表明江南地区，尤其是苏州的丝绸生产规模、技术水平已经位居全国前列。当时的苏州，丝织机户达到上万户，脚踏缫丝车和束综提花织机等丝绸织造新工具得到普及，还出现了专营丝绸行，通过陆上丝绸之路和黄泗浦港（今张家港）出口绸缎。苏州丝绸之盛，触发了诗人杜荀鹤的灵感，写下了《送人游吴》这样优美的诗篇："君到姑苏见，人家尽枕河。古宫闲地少，水港小桥多。夜市卖菱藕，春船载绮罗。遥知未眠月，乡思在渔歌。"

以苏州为中心的江南地区，是朝廷征收丝绸的主要区域。唐天宝二年（743）春，水陆转运使韦坚把南方诸郡的土特名产水运到长安，唐玄宗登望春楼，率群臣临观。船工着吴越装束，驾舟二三百，绵延数十里。船上陈列各郡名产，百名绿衫锦衣少女，高唱赞歌，鼓乐相应。陈列物品中吴越丝绸品类众多，精华荟萃，计有丹阳郡（今镇江）的京口绫，晋陵郡（今常州）的折造官端绫绣，吴郡（今苏州）产品有方纹绫、绯绫、缭绫、衫缎、乌眼绫、绫绢、丝葛、丝锦等。长安百姓观者如潮，无不惊诧，个个称羡，人人倾慕。这是记入《旧唐书》的一件开元盛事，丝绸在大唐真是出足了风头。

唐玄宗李隆基在位44年，开创了“开元盛世”。“开元”是唐玄宗的年号之一，这个年号他用了29年，这是他最志得意满的一段时光——政敌已基本肃清，国家太平无事，财政一年比一年宽裕，朝内外一片歌颂之声。唐玄宗陶醉在了歌舞升平的气象里，觉得不必再为国事劳心劳力、宵衣旰食，而应该犒劳自己、尽情享乐了。于是，他改元“天宝”，意思是“物华天宝，皆为朕有，若不用之，枉为人君”。唐玄宗开始倡导奢靡之风，奢靡之风的突出表现是三天两头在宫廷搞大型歌舞演出。

歌舞演出中有两个保留节目，一个叫《鱼龙曼延舞》，另一个叫《五方狮子舞》。“曼延”，传说中的一种大兽，似狸，身长百寻（八十丈），是表演时的主角，首先出场，且歌且舞，跳入水池后变成大鱼，鱼在池中且游且歌，水花飞溅中，鱼突然又变为龙，跃出水池且舞且歌。这时，熊、虎、猿猴、大象、大雀、大龟、大蟾蜍相继出现，围绕着龙高歌奋舞，将全剧推向高潮。这些兽当然都是人扮演的，想来还必须配以布景、烟雾、特技，方能制造出如此奇幻的效果。《鱼龙曼延舞》规模宏大，场面火爆，歌舞兼优，幻象纷呈，令人叹为观止。

《五方狮子舞》演出时，黄狮子位于中央，代表中央王朝的权力；四方的狮子为青、红、白、黑4色，分别代表东、南、西、北4方，表示四海向中央礼拜。另有140人组成的伴舞队，踩着乐曲的节奏，围绕这5头狮子或曼舞，或劲舞。这个舞蹈的由来在民间有这样一个故事流传：相传唐玄宗一日午睡，梦游月宫，嫦娥笑盈盈出来迎接他，旁边跟着一只金光闪闪、阔口大鼻的大兽。大兽用鼻子嗅了唐玄宗一会儿，很亲热的样子，接着就在阶前滚球，玩出很多花样。唐玄宗看得很开心，在自己的笑声里醒了。醒后他想重睹这一幕，找来宫廷画师，命画师照他口述的梦中大兽画了稿子，交工匠制作，又命梨园艺人编舞配曲，于是便有了这个《五方狮子舞》。引领狮子的人称为“狮子郎”。有时候杨贵妃兴之所至，便会擎一颗绣球跑到场子里去充当狮子郎，唐玄宗便会亲自拍鼓，为她助兴。这么一来，就将这场表演的气氛推向了高潮。

另有《霓裳羽衣曲》，是唐朝大曲中的精品，唐代歌舞的集大成之作，直到现在，它仍无愧为音乐舞蹈史上的经典。宋乐史《杨太真外传》载：“霓裳羽衣曲者，是玄宗登三乡驿，望女几山所作也。故刘禹锡有诗云《伏睹玄宗皇帝望女几山诗，小臣斐然有感》：‘开元天子万事足，惟惜当时光景促，三乡驿上望仙山，归作《霓裳羽衣曲》。……’”三乡驿在唐连昌宫（洛阳宜阳县的离宫）。《霓裳羽衣曲》是唐玄宗亲自谱曲，亲自教梨园弟子演奏的，表演时演唱的女艺人有几十人，还需大型乐队、伴舞。开元二十八年（740），杨玉环进华清宫初次谒见皇上，唐玄宗以《霓裳羽衣曲》为导引。张祜《华清宫》描写了这个场景：“天阙沉沉夜未央，碧云仙曲舞霓裳。一声玉笛向空尽，月满骊山宫漏长。”

《霓裳羽衣曲》也是李隆基做梦做来的。据传，有一夜，熟睡中的李隆基又梦见自己游月宫，嫦娥请他听仙乐，欣赏身穿霓裳羽衣的仙子翩翩起舞。李隆基醒来后，对梦中的情景还记得清清楚楚，很想把梦中的乐曲记录下来。他不停地回想，想起一点记录一点，就连上朝时怀里还揣着一支玉笛，一边听大臣读奏本，一边偷偷按笛孔，寻找曲调。他已如此痴迷，但仍谱不全这首曲子，这让他十分苦恼。一天，李隆基来到三乡驿，远眺女几山，只见山峦起伏，烟云缭绕，顿时产生了许多美丽的幻想。就在这些幻想间，梦中的仙乐全想起来了，《霓裳羽衣曲》就这样诞生了。

这种有着超强阵容的宫廷歌舞，每演一场都耗资巨万，唐玄宗隔三岔五组织这类活动，国库的银子像水一样哗哗流淌出去。这还只是他穷奢极侈的一个方面，他把“开元盛世”积累的财富掏空了。更严重的是他的疏于政事造成了统治危机，最终导致了安史之乱，大唐由盛变衰，埋下了亡国的祸根。这个历史教训，自有史家评说，我们着眼的是丝绸，尤其苏州丝绸在这种歌舞中的作用。白居易《西凉伎》：“西凉伎，西凉伎，假面胡人假狮子。刻木为头丝作尾，金镀眼睛银帖齿。奋迅毛衣摆双耳，如从流沙来万里。”段安节《乐府杂录》：“戏有五常狮子，高丈余，各衣五色，每一狮子有十二人，戴红抹额，衣画文，执红拂子，谓之狮子郎，舞太平乐曲。”狮的鬃毛、尾巴都是真丝编的，皮是绸缎，所有演员穿的都是绣花绸衣，演出的场地都挂着锦缎制的帷帐、帘幕。这些丝织品，都是根据杨贵妃的意见，从苏州采办来的，花纹也是苏州绣娘绣的。杨贵妃对苏州丝绸、刺绣特别钟爱，觉得只有苏州生产的丝绸，才不会磨损她吹弹欲破的皮肤，只有苏绣才配得上她的花容月貌。

有人根据古人诗词对杨贵妃的描写，还原出她的衣饰，轮换着穿的日常衣裳有：粉红玫瑰香紧身上衣，下罩翠绿烟纱散花裙，腰间金丝软烟罗结；黄色绣凤碧霞罗上衣，拖地粉红烟纱裙；大朵牡丹翠绿烟纱碧霞罗上衣，拖地粉色水仙散花绿叶裙，身披金丝薄烟翠绿纱；淡绿低胸半袖长裙，袖口绣淡蓝牡丹，银丝线勾出几片祥云，下摆蓝色海水纹，宽片淡黄锦缎裹胸……这些衣裙，现在苏州的戏剧服装公司还在为古装影视剧演员制作，所以，说杨贵妃爱穿苏州绣衣，并非纯属杜撰。

唐代是我国诗歌创作的高峰期，许多著名诗人都写有与纺织相关的诗歌，李商隐的“春蚕到死丝方尽”传诵至今，常被引用。白居易、王建是写丝绸题材最多的唐代诗人，白居易的《缭绫》《红线毯》《重赋》等，专以丝绸为题，其中《缭绫》广为传唱：“缭绫缭绫何所似，不似罗绡与纨绮。应似天台山上月明前，四十五尺瀑布泉。中有文章又奇绝，地铺白烟花簇雪。织者何人衣者谁，越溪寒女汉宫姬。去年中使宣口敕，天上取样人间织。织为云外秋雁行，染作江南春水色。广裁衫袖长制裙，金斗熨波刀剪纹。异彩奇文相隐映，转侧看花花不定……”王建有《簇蚕词》《田家行》《织锦曲》《捣衣曲》，皆是反映蚕桑丝织的诗，其中《织锦曲》写得最生动：“大女身为织锦户，名在县家供进簿。长头起样呈作官，闻道官家中苦难。回花侧叶与人别，唯恐秋天丝线干。红缕葳蕤紫茸软，蝶飞参差花宛转……”

与丝绸难分难解的刺绣，在唐诗中也频频出镜，“翡翠黄金缕，绣成歌舞衣。若无云间月，谁可比光辉”（李白《赠裴司马》），“红楼富家女，金缕绣罗襦。见人不敛手，娇痴二八初”（白居易《议婚》），“日暮堂前花蕊娇，争拈小笔上床描。绣成安向春园里，引得黄莺下柳条”（胡令能《咏绣障》）都是唐代诗人对于本朝刺绣的咏颂。唐人所著笔记对当朝刺绣也多有记录，如苏鹗《杜阳杂编》载，同昌公主出嫁，嫁妆中有“神丝绣被，绣三千鸳鸯，仍间以奇花异叶，其精巧华丽无与伦比。其上缀以灵粟之珠，珠如粟粒，五色辉焕”。

唐代，刺绣出现了一些创新针法和绣法，唐之前主要是辫绣，唐朝发展出了直针、缠针、齐针、套针、平金、盘金、贴绢、堆菱、缀珠等刺绣方法。刺绣技术的每一次跨越，都和新针法的发明密切关联，因此，唐代是刺绣史上一个重要阶段。这时的苏绣，开始以画家的优秀画作为稿本，并尝试绣诗文，“精微绣”也由此发端。《杜阳杂编》记载一位名叫卢眉娘的绣女，“能于一尺绢上绣《法华经》七卷，字之大小不逾粟粒，而点画分明，细于毛发。其品题章句，无有遗阙”。卢眉娘另一绝技是“作飞仙盖，以丝一缕分为三缕，染成五彩，于掌中结为伞盖五重，其中有十洲三岛、天人玉女，台殿麟凤之象，而外列执幢捧节之童，亦不啻千数。其盖阔一丈，秤之无三数两”。从这件精巧的丝织品上，我们可以看到唐代丝绸的质量之高。高质量的丝是高质量丝绸的保障，高质量的丝绸又是精微绣的前提，苏州是高档丝绸的产地，苏绣得地理之利，绣艺向精微绣迈进就更方便些。

苏绣“精微绣”是有传统的，东晋王嘉《拾遗记》云：“吴主赵夫人，丞相达之妹。善画，巧妙无双，能于指间以彩丝织云霞龙蛇之锦，大则盈尺，小则方寸，宫中谓之‘机绝’。孙权常叹魏、蜀未夷，军旅之隙，思得善画者，使图山川地势军阵之像。达乃进其妹。权使写九州岛方岳之势，夫人曰：‘丹青之色，甚易歇灭，不可久宝；妾能刺绣，作列国方帛之上，写以五岳河海城邑行阵之形。’既成，乃进于吴王，时人谓之‘针绝’。”东吴国主孙权的夫人所绣《山川地势图》，可谓精微绣的前奏。

苏绣朝着精微的方向一步步迈进，从三国迈到唐朝，从唐朝迈到宋朝，从宋朝迈到明朝，终于迈上了“精细雅洁，称苏州绣”（明王鏊《姑苏志》）的高峰。

有幸身处十四州

罗敷喜蚕桑，采桑城南隅。青丝为笼系，桂枝为笼钩。

炙箔
峩：爇新炭重：下簾幕
初出蛣細蟲遽若雪滿箔
老嫗不憚勤候火珠汗落
得閒兒女子困臥呼不覺

隋朝38年，唐朝289年，300余年匆匆而过，历史又一轮回，正如《三国演义》所言："天下大势，分久必合，合久必分。"公元907年，中国再次出现大分裂，进入五代十国时期。

唐末农民大起义，自懿宗大中十三年（859）浙东裘甫始，到僖宗中和四年（884）黄巢失败止，前后历时25年，席卷了山东、河南、安徽、江西、江苏、浙江、福建、广东、广西、湖南、湖北、陕西等12省。之后，唐朝又勉强维持了23年，于哀帝天祐四年（907）灭亡。这一年，朱温篡唐建立后梁，揭开了五代十国的序幕。"五代"指依次更替的位于中原地区的五个政权，史称后梁、后唐、后晋、后汉、后周；"十国"是中原政权之外的割据政权中十个实力较大的，史称前蜀、后蜀、南吴、南唐、吴越、闽、楚、南汉、南平、北汉，其中的吴越国，国君姓钱名镠。

钱镠，临安（今杭州）人，成年后开始以贩私盐为生，他一次需要挑200多斤盐，这就练出了他强壮的身体、过人的膂力，而且，还练出了他的胆识和机敏。乾符二年（875），钱镠被董昌任命为偏将，随军平定王郢之乱。此后，他挂甲上阵，身经百战，从一名普通军士升至节度使，统辖两浙。苟延残喘的唐王朝有心借重这位实力强大的人物，于昭宗天复二年（902）封他为越王，两年后又封他为吴王，又过三年，朱温篡唐称帝立后梁。923年，唐庄宗李存勖灭后梁，定都洛阳，赐钱镠玉册，并册封其为吴越王，钱镠正式建立吴越国，做了一国之君。

钱镠居高位后，生活奢华，大兴土木，“版筑斤斧之声，昼夜不绝，士卒怨嗟”（北宋陶岳《五代史补》）。他回老家，来去都坐豪车、骑骏马，仪仗开道，卫兵簇拥，气派得不得了。但他父亲钱宽总是避而不见。于是，钱镠单身步行回乡，找到了父亲请教原因。钱宽说：“我家世代靠力气吃饭，没出过有财有势的人。如今你成了一方之主，却是三面受敌。你已够让人捏一把汗了，你还不知自爱，这么摆派头，招人嫉妒。我怕你一朝兵败，连累全家，所以不愿见你。”钱镠听了这番话，大为震撼，流涕表示一定牢记父亲的教训。从此以后，钱镠始终小心翼翼，不忘吴越处境危险，保持着高度的警觉。他用小圆木制成枕头，熟睡时头稍微一动就落下枕头而被惊醒，这枕头被称为“警枕”。他又在就寝的地方放置一粉盆，夜里想起什么事，就在盆中记下，以免遗忘。他命令侍女通宵值夜，一有人来禀报军国大事，务必立刻唤醒他。钱镠可算是五代十国期间少有的勤勉、谨慎的君主之一。

据传，曾有人拍钱镠“马屁”，建议填了西湖，在这块风水宝地上盖王宫，以保钱氏后裔千年王运。钱镠说，有百年就足够了，自秦以来，天下哪有千年不换人主的？何况百姓是靠西湖水灌田的，无水便无民，无民哪里还有国君！你们以后少给我出这种馊主意。

西湖无恙，以湖为家的水族很高兴，都想着怎么报答吴越王。其中有个乌龟精，还有一个鲤鱼精，化身田家翁和农家女，以父女相称，在湖边搭了两间农舍，一个植桑，一个养蚕。蚕养大了，吐丝结茧，鲤鱼精一面缫丝，一面唱歌：“我家蚕儿不一般，吐出丝来做被胎，这个被胎有孝心，献给钱王老父盖。”游人听见了这首歌，觉得稀奇，就去报告钱镠。钱镠也感到奇怪，就到西湖边微服私访。他一踏进农舍，尚未问话，乌龟精先开了口：“这位客官，令尊和我年纪差不多吧？可惜身体不如我，你一直为此事发愁，对不对？”

钱镠打量眼前这个老人，鹤发童颜，腰板硬朗，钱镠不由露出羡慕的目光。原来钱镠真在为父亲的身体担忧，他父亲钱宽进入花甲之年后，睡眠越来越不好，畏寒，浑身关节痛，多盖几床被子吧，却又感觉太重，被压得喘不过气来。钱镠遍请名医，也未能解决父亲的问题。他是个孝子，常为自己贵为一方之主，却无法让父亲睡个囫囵觉而苦闷。现在这么一个健康的老人站在他面前，他心中升起了希望，忙问：“老丈，你有何养生健体秘诀，能传我否？”

乌龟精说："秘诀没有，但小女做的丝绵被，比秘诀还管用。我就是盖她做的丝绵被，盖出了这身体来的。"

丝绵被？钱镠还是第一次听说。他将询问的目光转向少女，急切地等待答案。鲤鱼精笑嘻嘻地说："半个月后，我就能做出一条全新的丝绵被了，到时你来取吧。"

钱镠耐足性子挨过半月，第十六天一大早，他就迫不及待地赶到西湖边，走进农舍一看，父女俩都不在了，桌上放着一条崭新的被子。钱镠拿起被子，刚跨出门，这座农舍就消失了。他知道自己遇到了神仙，放心地把被子交给老父亲使用，钱宽用这被子盖了一冬，睡眠质量提高了，也不觉得冷了，连多年的关节风湿之症也不治而愈了。钱镠见丝绵被如此有益，下令在吴越全境推广，丝绵被成了吴越国的一项特产。

这个传说印证了丝绵被始产于吴越国的史实。

钱镠不填西湖，西湖的渔民感激他，同时对他又有不满。钱镠嗜鱼，西湖渔民每天要向钱王府交纳鲜鱼，名曰"使宅鱼"。渔民的怨言传到钱塘县令罗隐耳中，一次借钱镠命他写题画诗的机会，罗隐拟句讽谏道："吕望当年展庙谟，直钩钓国更何如？若教生在西湖上，也是须供使宅鱼。"钱镠看了，笑了笑，第二天就废了"使宅鱼"，西湖渔民不再受其扰了。罗隐妙谏，使钱镠看到了他的正直爱民，看到了他的才气智慧，不久，就将他擢为掌书记，相当于今天的秘书长。

吴越国的版图北至苏州，南抵福州，囊括两浙。据有这一大片膏腴之地，换了五代十国期间的其他任何一个君主，都会凭仗这里丰富的产品、雄厚的财力，穷兵黩武、攻城略地，扩大势力范围，钱镠却不愿那么贪得无厌，他制定了一条基本国策，四个字：保境安民。

这一国策的产生，与和安寺一位高僧不无关系。这个高僧法名贯休，精佛理，通儒道，对世事有精辟的见解，人称“梵相”。钱镠很尊重他，常去向他请教。贯休能书会画善诗，他赠了一首诗给钱镠，诗中有“满堂花醉三千客，一剑霜寒十四州”之句。吴越国的地盘为安国衣锦军（今杭州市临安区，钱镠故乡，破格升州）、杭州、越州（今绍兴市）、湖州、苏州、秀州（今嘉兴市）、婺州（今金华市）、睦州（今建德市）、衢州、台州、温州、处州（今丽水市）、明州（今宁波市）、福州。钱镠看了，沉吟半晌，用商量的口吻说：“大法师，能不能改成‘一剑霜寒四十州’呢？”钱镠的意思是我这个吴越王已经掌握了两浙十四州的地盘，你对世事那么洞察，请你看看，我今后的前景如何？换句话说，就是有没有可能一统天下？贯休回答道：“州亦难添，诗亦难改。”简明扼要的八个字，对于钱镠不啻醍醐灌顶，从此，他打消了扩张的念头，坚定了保境安民的决心。

钱镠有称霸四十州的欲望，却能安居于十四州，所谓知白守黑，这就是高于他人之处。钱镠以81岁高龄去世，临终时头脑仍很清醒，不曾忘记叮嘱继承人：“要度德量力而识时务，如遇真主，宜速归附。……民为贵，社稷次之。免动干戈，即所以爱民。”他强调，我们钱家的子孙后代务必记住，自己只是替中央看守一块地方罢了，现在中原还不曾出现一个强大的中央政府，但迟早会出现的，到了那时候，你们就将吴越十四州奉还给中央。钱镠之后的4任吴越王钱元瓘（钱镠第七子）、钱佐（钱元瓘第六子）、钱倧（钱元瓘第七子）、钱俶（钱元瓘第九子），都能遵守这一遗训。公元960年，宋朝建立，钱俶及时献上吴越十四州的地图、户册，纳土归宋，结束割据的状态，做出了正确选择，使吴越百姓避免了宋军征讨的战火。

我们回过头来继续说钱镠与苏州。钱镠虽将吴越国的国都建在杭州，但他把苏州看得跟杭州一样重要，为了更好地管理苏州，他派其子钱元璙以中吴建武军节度使、太傅、同中书门下平章事的身份，前来镇守苏州，可见其对苏州的重视和关切。

苏州乃富饶之区，眼馋的人自然少不了，盘踞四周的闾丘真、李宥、孙儒、董昌、徐约、秦裴、李裕、何朗等辈，都曾相继攻打苏州。这些人中有部分是盗魁，残忍到了灭绝人性的程度，常抓“两脚羊”充当军粮。所谓“两脚羊”，就是尚未饿死的百姓！仅此一例，便可知晓五代十国是一个怎样恐怖的时代。若是苏州落入他们之中的任何一人之手，苏州百姓就将陷入比地狱还悲惨的境地。苏州侥幸，幸在属于吴越国十四州的版图，幸在有钱元璙镇守。钱元璙身材魁梧，仪表堂堂，谦逊节俭，英勇善战，打起仗来非常勇猛，胜多败少。钱元璙治吴30年，最大的政绩是使苏州始终未毁于战火。而且他还施行了一系列善政，疏导诸河，兴修水利，募民垦荒，勿收其税，使苏州百姓安居乐业，使苏州的农业、手工业都有了较大的进步，促进了吴地经济的繁荣。宋朱长文《吴郡图经续记》对钱氏守吴有很高评价："自钱武肃王吴越，以其子元璙为刺史。当兵火剽焚之后，而元璙以俭约慎静镇之者三十年，与江南李氏接境，而能保全屏蔽者，元璙之功也。"

米粮和丝绸产量是古代经济的两项重要指标。仓廪实而民心安，丝绸足而天下裕。钱镠在发展经济中首先紧紧抓住农业这条命脉，大搞农田水利基础建设，重点整治了钱塘江流域和太湖流域，使吴越百姓尽享灌溉之利。钱镠还十分重视促进晒盐、制茶、制瓷、纺织等手工业的发展。丝织业的发展又激发了农户种桑养蚕的积极性，使吴越境内"桑麻蔽野"，蚕季出现了"春巷摘桑喧姹女"的热闹景象。江浙两地、苏杭两州在吴越国时期，成为全国丝织业最发达的地区、中国的"丝绸之府"。因北方烽火遍野，杀伐连年，陆上丝绸之路被阻断，钱镠便将目光转向了海运。他修筑捍海石塘，消除钱塘江入杭州湾的暗礁，大力发展对外航海业，并鼓励富商打造船队，出海贸易，以丝绸为主的生意做到北方的契丹国，朝鲜半岛的新罗、高丽、后百济，日本，印度和阿位伯地区，甚至远至西亚和北非的大食帝国，丝绸商人们赚了个盆满钵满，吴越国是五代十国时期丝织业最发达的地区，蚕桑丝绸生产是吴越国赖以立国的重要经济支柱。钱镠"屯貔貅以御戎寇，包黎庶以全耕织"的政策，还造福了后世，"劝民从事农桑，桑麻蔽野。至今千余年，江浙丝绸业，为全国之冠"（钱文选《追述钱武肃王治吴越功德》）。

吴越国远销海外的丝绸中，苏州产的罗最受欢迎。苏州是罗的故乡，织罗技艺高超，苏州产的罗素有“吴罗”之称。1972 年吴县唯亭草鞋山遗址发掘出土的编结纬起花纹罗，是我国目前发现的最早的纹罗织物。起源于吴国的四经绞罗织造技术，到隋唐之际已十分普遍地被用于绮罗服饰。罗是纯蚕丝织物，以轻软著称，其质地紧密结实，轻薄透气，纱孔通风，便于散热，与皮肤的摩擦小，穿在身上舒适凉爽，是最好的夏季服装面料，其表面呈现出若隐若现的浮雕效果，雅而美。

吴罗缝制的衣裳，令我们想起一位养蚕女——罗敷，汉乐府《陌上桑》的主人公。罗敷长得非常美：“罗敷喜蚕桑，采桑城南隅。青丝为笼系，桂枝为笼钩。头上倭堕髻，耳中明月珠。缃绮为下裙，紫绮为上襦。行者见罗敷，下担捋髭须。少年见罗敷，脱帽著帩头。耕者忘其犁，锄者忘其锄。来归相怒怨，但坐观罗敷。”这时来了一位贵族，问罗敷：“宁可共载不？”意思是坐到我的车上来吧，我载你回府里，共享荣华富贵。罗敷断然拒绝：“使君一何愚！使君自有妇，罗敷自有夫！”罗敷美丽又坚贞，成了古代人们心中完美的女性形象。吴罗激发的联想，和吴罗本身一样，都是美的。

吴越国建国后，大力扶助当时的高端经济——蚕桑丝织业，吴越丝织之纹饰图案有“天人、鬼神、龙象、宫殿之属。穷极巧妙，不可言状”（宋蔡绦《铁围山丛谈》），说明吴越丝织工艺有较大发展。第五位吴越王钱俶向宋太祖进献长春节御衣、锦绮、吴绫、绸绵等物，说明吴越丝绸品种甚多。另外，据记录五代十国史事的纪传体史书——清吴任臣《十国春秋》，可以知道历任吴越王向中原朝廷贡奉的丝织品种类有锦、罗、纱、绢等，且数量极大。这样的进贡，从吴越国初立至钱俶"纳土归宋"，72年未间断，可见蚕桑丝绸业在吴越国始终保持着较强劲的发展势头。这一时期，吴罗依旧是丝织品中的佼佼者，这也有考古成果佐证，考古学家在苏州虎丘塔就发掘出吴越国时的四经绞罗。

苏州、杭州均为在国内外享有盛誉的中国历史文化名城，被誉为"人间天堂"。"上有天堂，下有苏杭"的谚语形成于宋朝，典出范成大《吴郡志》："谚曰：'天上天堂，地下苏杭。'"但是，这一对"人间天堂"姐妹花的奠基人应是宋之前的吴越王钱氏。这一点，首先承认的是宋人，苏东坡《表忠观碑》称道钱镠："其民至于老死，不识兵革，四时嬉游，歌鼓之声相闻，至于今不废。其有德于斯民甚厚。"司马光《资治通鉴》赞钱镠的接班人吴越忠献王钱佐（原名钱弘佐）："弘佐问仓吏'今蓄积几何？'对曰'十年'，王曰'然则军食足矣，可以宽吾民'，乃命复（免除）其境内税三年。"欧阳修《有美堂记》夸吴越国："钱塘自五代时……不烦干戈，今其民幸福完安乐。……十余万家，环以湖山，左右映带，而闽商海贾，风帆浪舶，出入于江涛浩渺、烟云杳霭之间，可谓盛矣！"小学生都能背诵的《百家姓》，首句是"赵钱孙李，周吴郑王"，赵排第一位，钱排第二位。这篇古代启蒙教育的文章是北宋初年的人所编，皇帝的姓第一，毋庸多说，钱紧挨天子姓氏，可见时人对吴越王的尊重。

钱氏三代五王，都够得上仁君的标准，尤其是放在五代十国的环境下审视，更令人敬重。《道德经》有“天地不仁，以万物为刍狗；圣人不仁，以百姓为刍狗”之句，原意是天地是无私的，它没有偏颇，对待万事万物就像对待刍狗一样，任凭万物自生自灭；圣人也是无私的，也同样像对待刍狗那样对待百姓，任凭人们自作自息。但后人引用这段话，却从贬义出发，谴责不仁之君。刍狗，古代祭祀时用草扎成的狗，作用类似现代的花圈。《庄子·天运》有“夫刍狗之未陈也，盛以箧衍，巾以文绣，尸祝斋戒以将之；及其已陈也，行者践其首脊，苏者取而爨之而已”。清魏源《老子本义》有“结刍为狗，用之祭祀，既毕事则弃而践之”。用过以后即被丢弃的刍狗，喻被肆虐残害的百姓。五代十国有太多荼毒生灵的暴君，能有钱镠父子这样的国君，吴越百姓幸甚，江南丝绸幸甚！

真是：

有幸身处十四州，乱世得免当刍狗。

今人犹念吴越王，且向T台看丝绸。

黄金王朝的软黄金

九张机，双花双叶又双枝，薄情自古多离别，从头到底，将心萦系，穿过一条丝。

五代十国终于走到头了，又一个大一统王朝，宋朝，屹立在了东方地平线上。

宋朝（960—1279）分北宋和南宋两个阶段，合称“两宋”，共历18帝，享国320年。在一般人印象中，宋朝积贫积弱，很窝囊，很差劲。其实，宋朝有很多可以“炫耀”的资本，它是自秦以降，唯一不是因内乱而亡的王朝。宋朝还是个分水岭，宋以后，中国再也不曾出现大分裂局面。宋朝又是中国历史上商品经济、文化教育、科学创新高度繁荣的时代，经济学家安格斯·麦迪森认为，宋咸平三年（1000）中国的GDP总量，折合成美元为265.5亿，占当时世界经济总量的22.7%；人均GDP为450美元，超过当时西欧的400美元。宋朝社会经济的繁荣程度与人民的生活水平远超盛唐，更胜强汉。大学者对宋朝评价都极高，陈寅恪先生说：“华夏民族之文化，历数千载之演进，造极于赵宋之世。”严复先生说：“古人好读前四史，亦以其文字耳。若研究人心、政俗之变，则赵宋一代历史最宜究心。中国所以成为今日现象者，为善为恶姑不具论，而为宋人之所造就，什八九可断言也。”钱锺书先生说：“在中国文化史上有几个时代是一向相提并论的，文学就说‘唐宋’，绘画就说‘宋元’，学术思想就说‘汉宋’——都得数到宋代。”

宋朝国土面积最大时也不过280万平方公里，但岁入远远大于其他任何一个封建王朝。宋朝是中国历史上最富裕的朝代，当时年财政收入最高曾达到16000万贯，北宋中后期的一般年份也可达8000万—9000万贯，即使到了南宋，已失去了半壁江山，仍高达10000万贯。我们来看看明朝，明朝国土面积远大于宋，年财政总收入平均大概1000万两白银，按1两白银为1贯铜钱的兑换率，明朝的岁入不到北宋的1/10、南宋的1/6。清朝的财政状况比明朝好些，清初岁入1485万两，中期为3000万—4000万两，仍大大低于宋，人口却已是宋朝的2—3倍以上，因此人均收入远不如宋。

经济的发达造就了先进的科技文化，中国古代四大发明，宋朝就占了三项——活字印刷术、指南针和火药，都对世界产生了不可估量的影响；沈括的《梦溪笔谈》，内容涉及天文、数学、物理、化学、生物等各个门类，价值非凡，英国科学史家李约瑟称其为“中国科学史上的坐标”；宋朝拥有庞大的商船队，频繁远航至日本、朝鲜、阿拉伯、印度以及东非、东南亚等五十多个国家和地区，除了出口带来的巨额利润，从进口货物获得的税收也非常可观，北宋皇祐年间（1049—1054）的53万贯到治平年间（1064—1067）已升至63万贯，到了南宋绍兴年间（1131—1162）已达200万贯，约占财政总收入的6%，对宋代的繁荣起到了重要作用。

中国的大规模城市化是从宋代开始的，人口达百万的城市有北宋首都东京（今开封）和南宋首都临安（今杭州），20万户以上的有苏州、泉州等6个，10万户以上的由唐代的十几个增加到46个。同时期西方最大最繁华的城市是威尼斯，人口仅10万。宋朝不像唐朝那样实行宵禁，宋朝的城市是灿烂的不夜城。夜晚灯火通明，叫卖声直到天明，“瓦子”“勾栏”等娱乐场所百戏竞演，饮食铺炒炒爆爆，生意兴隆，游人不只是皇亲国戚、达官贵人，更多的是广大市民。一卷《清明上河图》，正是当时富庶繁华的真实写照。

经济的增长，城市化的推进，市民阶层的崛起，必然带来商业的繁荣，消费观念的嬗变。我们来举一个最普通的日常生活的例子：洗澡。古人文雅，称洗澡为沐浴，十分重视，殷商甲骨文已出现与沐浴有关的字，周朝沐浴礼仪逐渐成为定制，秦汉之际全社会性的沐浴习俗已经形成，朝廷还规定“五日以假洗沐，亦曰休沐”（《汉宫仪》）。唐代改为官吏每10天休息、洗浴一次，叫作“休浣”。这都是对官吏而言的，百姓怎么样，不清楚，想来也就是在家里烧锅热水，兑温了洗一下而已，反正史籍上查不到，没人关注。但是，到了宋朝就不一样了，有史料可查了，因为公共浴堂的出现，引起了文人的兴趣，就被文人写进他们的书里去了。宋代公共浴堂已非常普及，并形成了具有一定规模的行业，浴资不贵，大约每人10文钱。挂壶是当时公共浴堂的标志，“所在浴处，必挂壶于门”（南宋吴曾《能改斋漫录》）。公共浴堂通常一大早就开门营业，宋洪迈《夷坚志补》记载：“宣和初，有官人参选，将诣吏部陈状，而起时太早，道上行人尚希，省门未开，姑往茶邸少憩，邸之中则浴堂也。”公共浴堂前面茶馆、后面浴堂的构造倒是个特色。苏州人形容惬意生活的“早晨皮包水（喝茶），晚上水包皮（洗澡）”，原来在宋代就有了。公共浴堂不讲究身份等级，庶民和官吏都能进，只要付浴资。“浴资面前人人平等”，是社会意识的一大进步。宋代的文人士大夫也喜欢相约前去共浴，苏轼在公共浴堂沐浴后，诗兴大发，连写两首《如梦令》记述其感受，其一云：“水垢何曾相受，细看两俱无有。寄语揩背人，尽日劳君挥肘。轻手，轻手，居士本来无垢。”其二云：“自净方能净彼，我自汗流呀气。寄语澡浴人，且共肉身游戏。但洗，但洗，俯为人间一切。”这两首诗非常诙谐地描述了公共浴室共浴的情景。宋代的公共浴堂，又称“香水行”，想来浴水里还会放些香草香料什么的。

商业性公共浴堂的出现，意味着宋代是个崇尚消费、花钱买享受的时代，这样的时代，对于丝绸的需求肯定是高的。宋代以词著名，并经常有描绘蚕桑丝绸的名篇，如“一张机，采桑陌上试春衣，风晴日暖慵无力，桃花枝上，啼莺言语，不肯放人归。两张机，行人立马意迟迟，深心未忍轻分付，回头一笑，花间归去，只恐被花知。三张机，吴蚕已老燕雏飞，东风宴罢长洲苑，轻绡催趁，馆娃宫女，要换舞时衣。四张机，咿哑声里暗颦眉，回梭织朵垂莲子，盘花易绾，愁心难整，脉脉乱如丝。五张机，横纹织就沈郎诗，中心一句无人会，不言愁恨，不言憔悴，只恁寄相思。六张机，行行都是耍花儿，花间更有双蝴蝶，停梭一向，闲窗影里，独自看多时。七张机，鸳鸯织就又迟疑，只恐被人轻裁剪，分飞两处，一场离恨，何计再相随。八张机，回纹知是阿谁诗，织成一片凄凉意，行行读遍，厌厌无语，不忍更寻思。九张机，双花双叶又双枝，薄情自古多离别，从头到底，将心萦系，穿过一条丝。”这首《九张机》，被公认为宋词中写得最好的纺织词，可惜词人的名字也未留下。除了这位无名氏，其余以丝绸入词的，不乏文学史上鼎鼎大名的人物，如苏轼《浣溪沙》二首："麻叶层层苘叶光，谁家煮茧一村香，隔篱娇语络丝娘。""簌簌衣巾落枣花，村南村北响缫车，牛衣古柳卖黄瓜。"辛弃疾《鹧鸪天》："陌上柔条初破芽。东邻蚕种已生些。平冈细草鸣黄犊，斜日寒林点暮鸦。山远近，路横斜。青旗沽酒有人家。城中桃李愁风雨，春在溪头野荠花。"又有《粉蝶儿》："昨日春如十三女儿学绣，一枝枝不教花瘦。甚无情，便下得，雨僽风僽。向园林铺作地衣红绉。"

丝绸能够缝制美丽又舒适的衣裳，自然人人都想穿。需求刺激生产，宋朝的蚕桑丝织业欣欣向荣，蓬蓬勃勃。同时，宋朝因是赵匡胤陈桥兵变、黄袍加身的产物，宋代皇帝特别担心将领尾大不掉，也演一遍宋太祖故事，所以，有宋一朝，自始至终采取重文抑武政策，对外避免军事抗衡，宁愿花钱买太平，每年向北方诸邦输纳大量币帛。因耗用的绢帛数量之大，十分惊人，朝廷不得不加码征收赋税，苏州地区就首当其冲。宋朱长文《吴郡图经续记》："《吴都赋》云：'乡贡八蚕之绵。'苏州旧贡：丝葛、丝绵、八蚕丝、绯绫、布、白角簟、草席、鞋、大小香粳、柑橘、藕、鲻皮、鲰鮨、鸭胞、肚鱼、鱼子、白石脂、蛇粟，皆具《唐志》。"可见朝廷向苏州征收的物品繁多，其中丝绸占大头。清乾隆《吴江县志》："（北宋）祥符（1008—1016）中，（吴江）纳夏税绢九千六百匹，绸四百五十匹，绵七千六百斤……至元丰三年（1080），岁输帛增至一万三千匹。"这仅是一县数据，比及全市，可以想见其数量之巨。北宋朝廷向民间征收的绢帛丝织品，每年达数百万匹，而两浙路所贡占全国的三分之一以上，苏州在两浙路所贡中占比又很高。

事情总是两面的，如此征收固然加重了人民负担，但也进一步刺激了蚕桑丝织业的发展。两浙路和成都府路的丝织业最发达，宋朝政府在苏州、杭州和成都设立作院（织锦院），也就是官办的丝织作坊，"徽宗崇宁元年（1102）春三月，命宦者童贯置局于苏杭，造作器用。……织绣之工，曲尽其巧，诸色匠日役数千，而材物所须，悉科于民，民力重困"（明陈邦瞻《宋史纪事本末》）。苏、杭、蓉三地的作院各有织机数百张，工匠数千人，规模很大，相关的印染业也发展起来。宋代以苏州为中心的江南民间丝织业发展较快，出现了专事丝织的手工作坊雏形，称为“机户”或“机织户”，还出现了专门代办征赋（绢帛）的“揽户”，倘若纳税户无应缴绢帛，可委托揽户向机户购买后缴纳。两宋时期，官民合力，两浙的丝织品产量跃居全国首位。

苏州作院的具体地点，《吴郡志》有载：“作院在教场西，乾道四年（1168）郡守姚宪建。”《吴郡志·坊市》还向我们展示了以乐桥为中心的古城六十坊，其中坊名来自丝织的有绣锦坊、绣衣坊、豸冠坊、画锦坊、嘉鱼坊等。嘉鱼坊，后称嘉余坊，俗名孙织纱巷，起这个俗名，是因为这条巷住过一位孙姓织户。以一个手工艺人之姓命名一条街巷，恐怕也只会发生在宋代，可见丝织从业者在这个时代是很受尊重的。另有新罗巷，也由于是生产纱罗的地方而得名。“纱有数等，暗花为贵。其纹疏者，曰天净纱。”（明杨循吉《吴邑志》）“又有本色花素生纱，夏月可代絺绤。”（乾隆《苏州府志》）“织纱，出姑苏郡城。素者名银条，即汉所谓‘方空’也。花纹者名夹织。亦有金缕彩妆诸制。一种轻狭而縠文者，曰绉纱。……凡绢之轻细者，古作纱縠。周王后夫人之服，以白沙纱縠为里，谓之素纱，见《周礼·内司服》。六朝以后，诸织品中以纱为特重，用亦最广。凡公服皆用皂纱、绛纱，冠则用乌漆纱，非特为暑月之服而已。又，凡轻薄爽滑、宜于夏服者，皆谓之纱。如亮纱、熟地纱、官纱、葛纱等，皆以纱为总名，非同一物也。”（王謇《宋平江城坊考》）这些记载，都体现了宋代苏州丝绸的兴盛。

苏州丝绸在宋代有这样的盛况，是因为有苏州整体经济繁荣托底的。宋代苏州经济繁荣到什么程度呢？“民以食为天”，先说粮食，宋代苏州粮食充沛，充沛到“苏湖熟，天下足”！苏州再加一个太湖流域的湖州，只要粮食不减产，全国百姓就不用担心饿肚子了。《吴郡志》有“天下之利，莫大于水田；水田之美，无过于苏州”。明王鏊在《姑苏志》中提到，宋代宣和年间平江府（今苏州）人口已达43万户。古代哪个地方人口繁密，哪个地方的经济肯定容易上去，户数正好用来说明宋代苏州的经济兴旺发达，令人称羡。这从现存的南宋碑刻《平江图》上可以看得清清楚楚，苏州在北宋政和三年（1113）已升为平江府，故此图名为《平江图》。图上道路整齐，河流有序，民宅前街后河，商铺色色齐全，大小桥梁标名的就有300多座，商户有谷市、盐仓、丝行、茶场、画锦铺、银链铺、杉椟铺、木柴铺、草鞋铺、趿鞋铺、鸭舍、鹅栏等，三百六十行几乎都能寻见踪影。《平江图》上所列苏州城的位置、规模以及山丘、湖泊、河道和桥梁等重要景物或建筑物，同如今苏州城的状况基本相符，由此可见，宋代的苏州确实算得上“天堂之城”。

宋室南渡，偏安一方，江南经济继续发展，全国丝绸中心由北方向南方转移的趋势已不可逆转，这种趋势自南宋开始，一直延续到明清乃至现当代。当代人已几乎将丝绸与苏杭画等号了。苏州的丝绸业在南宋获得了一次空前大发展的机会，和北方丝绸生产一落千丈的情况形成鲜明的对照。传统的蚕桑丝绸业能在苏州结出硕果，得益于苏州良好的天时、地理条件以及战乱和历史的变迁中相对稳定的社会经济环境，也得益于苏州拥有大量文人墨客所造就的深厚文化底蕴。当时的丝绸，除了用于日常的服饰外，也被大量地运用到其他领域，如宗教礼仪方面，装饰与绘画方面，以及书画的装帧方面等。南宋时期，苏州大量的缂丝产品被当作一种艺术性的商品供人玩赏，沈子蕃、朱克柔、吴子润等缂丝名家所制作的作品，在当时就已价值连城。

沈子蕃，河北定州孟庄人，1086年出生于缂丝世家。"缂丝技法由北方新疆缂毛而至定州缂丝，再由定州而至内地，逐渐为内地所接受。"《中国丝绸通史》（赵丰主编）和《中国丝绸文化史》（袁宣萍等著）都有这样的观点。持此观点的学者，将定州缂丝定为中国缂丝的始祖。定州缂丝从隋末唐初发展至宋代，已享有缂丝"以河北定州所制最佳"的赞誉。宋庄绰《鸡肋篇》："定州织'刻丝'，不用大机。以熟色丝经于木棦上，随所欲作花草禽兽状。以小梭织纬时，先留其处，方以杂色线缀于经纬之上，合以成文，若不相连。承空视之，如雕镂之象，故名'刻丝'。如妇人一衣，终岁可就，虽作百花，使不相类亦可，盖纬线非通梭所织也。"从这一记载看，定州缂丝确属精致。北宋灭亡，沈子蕃举家迁徙到江南，定居苏州。前文我们说过，苏州缂丝在南北朝时已成气候，而且助力了南京云锦的诞生。沈子蕃为了谋生，借助苏州缂丝这个平台，利用当地发达的丝线产业，开始了自己的缂丝事业，并收徒授艺，培养了朱克柔、吴子润等一批缂丝艺人。沈子蕃由此成了南宋苏州缂丝艺术的代表人物，他一生完成了数十件缂丝艺术品，这些作品被著录于清宫《石渠宝笈》，其中《秋山诗意立轴》《梅花寒鹊图》《青碧山水图》收藏于北京故宫博物院，《山水轴》《桃花双鸟立轴》现存于台北故宫博物院。

前文我们还介绍过苏州丝绸中的经典产品宋锦，宋锦除了用于服饰，还用于书画的装帧，后一种用途在宋代特别流行。宋朝文学艺术繁荣，尤其是词，它在宋代的发展到达了巅峰。宋代诗、散文、话本小说、戏曲剧本等都成绩斐然，这和文人在宋朝活得滋润有直接的关系。宋太祖赵匡胤曾在太庙立下誓碑云："柴氏子孙有罪不得加刑，纵犯谋逆，止于狱内赐尽，不得市曹行戮，亦不得连坐支属；不得杀士大夫及上书言事人；子孙有逾此誓者，天必殛之。"宋朝每一个新登基的皇帝都要去看此碑，因此宋朝廷对文人比较宽容，文人在比较宽松的政治环境里，创作顾忌较少，容易出好作品，所以宋人留在文学史上的名字非常多。苏轼、欧阳修、王安石、李清照、辛弃疾、王禹偁、范仲淹、范成大、梅尧臣、晏殊、黄庭坚、司马光、文天祥、秦观、姜夔、柳永、沈括、吴文英、林逋、寇准、周邦彦、张孝祥、朱淑真、杨备、叶梦得、陆游、杨万里、尤袤、刘克庄……这个名单里的任何一个名字，拿出来都能让人有如雷贯耳之感。古代文人的修养是全面的，宋代这些著名文人大多也是书画兼擅，如苏轼擅长行书、楷书，与黄庭坚、米芾、蔡襄并称"宋四家"；又擅画墨竹，绘画重神似，主张画外有情，提倡"诗画本一律，天工与清新"，而且明确地提出了"士人画”的概念，为以后“文人画”的发展奠定了一定的理论基础。宋代的文人群体对书画很珍惜，他们将书画裱以宋锦，以保护书画。在他们引领下，形成了以宋锦裱书画的社会风气，苏州产宋锦就成了人们的追捧对象。

况且宋代的书画家，也是人才辈出，各领风骚的。宋代书法，承唐继晋，上技五代，开创了一代新风。宋太宗赵光义喜爱书法翰墨，购摹前代帝王名贤墨迹，刊刻为十卷，以枣木镂刻之，是为《淳化秘阁法帖》。有了帖，就打破了“现书必真迹”的限制，同时打破了前人法度，开始注重意趣，强调主观表现，从而开辟了新的道路，涌现出蔡襄、黄庭坚、米芾、苏轼、欧阳修、王安石、蔡京、赵佶、陆游、岳飞、朱熹等大家。宋代绘画在隋唐五代的基础上继续得到发展，民间绘画、宫廷绘画、士大夫绘画各成体系，彼此影响、渗透、吸收，构成宋代绘画丰富多彩的面貌。仁宗、神宗、徽宗、高宗、光宗、宁宗等都对绘画有不同程度的兴趣，都很重视画院建设。特别是徽宗赵佶，虽不是个称职的皇帝，却是个出色的艺术家，在绘画上具有较高修养和造诣，并注意网罗画家，扩充和完善宫廷画院。宋廷画院集中了当时最优秀的画家，这些画家也创作了大量经典作品，如郭熙的《早春图》《关山春雪图》，张择端的《清明上河图》，王希孟的《千里江山图》，李唐的《采薇图》《万壑松风图》，马远的《踏歌图》《水图》，苏汉臣的《秋庭戏婴图》，李嵩的《花篮图》，李公麟的《五马图》等。这样的传世珍品岂可不配以锦裱？苏州宋锦是装帧国宝级名画的首选。

宋锦是宋代丝绸的一个缩影，宋代丝绸是那个时代风采的缩影。如果说宋朝是中国历史的黄金王朝，那么，丝绸就是这个王朝的软黄金。

《平江图》背后的故事

藕丝衫翦猩红窄。衫轻不碍琼肤白。
缦鬟小横波。花楼东是家。

缲丝
连村煮茧香解
事谁家娘盈盈
意媚灶拍拍手
探汤上盆颜色

苏州碑刻博物馆存有四大宋碑:《天文图》《地理图》《帝王绍运图》和《平江图》,均为全国重点文物,堪称镇馆之宝,其中《平江图》更是稀世珍品。

《平江图》系南宋绍定二年(1229)郡守李寿明主持刻绘,刻工为吕梗、张允成、张允迪等人。从北宋政和三年(1113)至元末(1367)这250余年间,苏州城先后成为平江府和平江路的治所,因而又有平江城之称。《平江图》碑通高279厘米,宽138厘米。图碑青石质地,高248厘米,宽146厘米,厚30厘米。其比例尺为南北方向1:2500,东西方向1:3000。碑额高76厘米,雕有两龙相交图案,正中竖刻"平江图"三字。额下为碑心,高203厘米,内刻平江府全图。《平江图》运用中国古代传统地图画法,方位、比例等掌握准确,具有较高的水平,且雕刻精细,图像清晰,整个城市面貌、街市排列、水流走向、建筑分布等，均能一览无遗。图中可见城内河流密布、街道纵横、桥梁特多，以市中心的乐桥为中心，向四面可以数出300多座桥，20条河道，尽显苏城“小桥流水人家”的风貌。图中有不少官署和营寨，庙宇、殿堂250余处，宝塔13座，园林12个。这些均说明当时的苏州是江南地区的政治、经济、文化、军事中心。《平江图》中众多的仓库说明苏州是全国的粮仓；坊市之多反映了繁荣的城市手工业和商业，足以证明宋代的苏州已成为全国的工商业发达城市。图中用题榜形式标出名称者凡610余处，其中许多地名一直沿用至今。《平江图》是一幅世界上罕见的、中国现存最大最完整的古代碑刻地图，更确切地说，这是一幅城市规划实测图，是研究中国城市规划设计和文化艺术的珍贵历史资料。

《平江图》所绘桥梁中，有一座胡厢使桥（即胡相思桥）。南宋初，缂丝名匠沈子蕃从河北定州迁居苏州，就住在这座桥的桥堍。据说，沈家右侧人家姓朱，丈夫是木匠，妻子是绣娘。夫妻俩有个独生女，名叫克柔，十一二岁，文文静静，每天跟着妈妈在家绣花。沈子蕃从定州避难来到苏州，什么都未带，想重拾手艺，先要有缂机，知道邻居是做木工的，就试着和他商量，能否帮自己这个忙。朱木匠很爽快地说：“你画个图样来，包在我身上。”朱木匠不是乱夸海口，他有一身好本领，大木作、小木作、方作、圆作全能，他说没问题，就是百分百有把握。果不其然，不到半月，沈子蕃所要的平纹木机就完成了，后轴、木桯、木桱、竹筘、脚踏板等部件完全符合图样的式样、尺寸要求。由于有了这番交道，沈子蕃和朱木匠就成了好朋友，两人三天两头喝个小酒，搬一张小圆桌、两只小板凳，在河边柳树下放了，各家端些菜出来，就喝开了。菜也都是些家常菜，丝瓜毛豆子、咸菜老豆腐、烂糊肉丝、盐水花生，有时候丰富点，也无非红烧猪脚，外加几个鸭头颈。菜一般，无所谓，谈得来，这酒就喝得有滋有味。

有一回两人对酌，沈子蕃问起小克柔刺绣的事，他说："我注意你家小千金已有多日，她在绷架前一坐就是一天，小小年纪真不容易。绣花是件苦生活，你们怎么就让她早早做绷子了？"朱木匠告诉沈子蕃，并不是他们夫妻俩逼女儿的，实在是克柔从小酷爱刺绣，五六岁的时候，就不像同龄的小姑娘那样喜欢玩耍，常常一个人聚精会神地坐在小板凳上看妈妈绣花。一条街上的小姑娘们在外面跳牛皮筋，唱儿歌，嬉笑打闹，丝毫也吸引不了她。妈妈说："去跟她们一起玩吧，坐在这里怪冷清的。"小克柔摇摇头，不作声，依旧两手托着腮帮，眼睛盯着绷架，一看就是半天。她还会趁妈妈走开的空当，大着胆子溜到绷架前，偷偷绣上几针。虽然只有几针，但这比过年穿上新衣裳、吃平时罕见的鱼和肉，还让她兴奋。妈妈见她这样，就让她跟着学做绷子了。克柔7岁开始帮妈妈穿针引线，学一些简单刺绣针法，人还没有绷架高，就在绷架前放一张高脚竹椅，跪在椅上绣，她学得特别专心，绣得特别认真。五六年下来，她已经可以独立绣一只小猫或一只小狗了。沈子蕃听了，暗暗点头，心里说："这个小姑娘，是个可造之材！"

一日，沈子蕃经过朱家窗前，见小克柔坐在绷架前，两眼盯着底料，直掉眼泪。原来，小克柔一时疏忽，用剪子在底料上扎了个小洞。这可不得了，这块台布是人家拿来要妈妈加工的，她硬磨软泡从妈妈手里“抢”了来，现在出了纰漏，人家要拒收的，那就得赔，这可怎么办？小克柔慌了，慌得六神无主，又不敢跟妈妈讲，一个人对着底料上的小洞掉泪，掉了一串又一串，也不知独自哭了多长时间，哭得昏头昏脑。昏头昏脑中，她看到绷子上多了一些树叶，以为是自己哭得眼花了，洁白的底料上“冒”出多余的叶子来。小克柔揉揉眼睛，再看绷子，方知并非眼花，而是河边的柳树落下的叶子，有几片飘进了窗户，落在了她的绷子上。底料倘若再给沾脏就更糟了，小克柔赶紧伸出手指去拈走落叶，拈着拈着，脑中灵光一闪，忽然有了灵感，她看看手上的柳叶，再看看底料上的小洞，想了想，就把这片柳叶“按”在小洞上，小洞给遮住了，她脸上绽开了灿烂的笑容。这块台布本来绣的就是柳枝喜鹊，寓意“喜气长留”，那么，何不再添一片柳叶到布上呢？小克柔花了半个多时辰，细心地绣了一片柳叶，这片叶子绣在那个要命的小洞上，和原有的柳枝浑然一体，一点也看不出台布有什么瑕疵了。小克柔长舒了一口气，抬起头来，才发现窗前站着的沈子蕃。小克柔顿时又紧张起来，忐忑不安地问：“沈伯伯，你都看见了？你不会告诉我爸爸吧？”

沈子蕃说：“我一直在看你怎么处理……我要跟你爸爸说的。”

小克柔差点又要哭出来，央求道："沈伯伯，你帮我瞒一瞒，好不好？爸爸知道我闯了祸，起码一顿骂。"

沈子蕃说："要我帮你瞒，也可以，不过，你要答应伯伯一件事。"

小克柔问："啥事？"

沈子蕃说："做我徒弟。"

小克柔点点头："爸爸肯，我就肯。"

沈子蕃和朱木匠说了收徒的想法，朱木匠一口答应。沈子蕃对朱克柔这个徒弟非常疼爱，把自己的全部技艺毫无保留地传授给她，朱克柔也成了缂丝名家。朱克柔有一幅《莲塘乳鸭图》，图中红荷白鹭，翠鸟青石，荷花造型丰满，白色瓣尖染红；白鹭精灵机敏，两只鸭一雌一雄并肩凫游，优哉游哉，身旁伴一双雏鸭，活泼纯真，可爱稚拙。整个画面生动温馨，色彩变化丰富，幅式巨大，组织细密，丝丝皆匀称，缕缕均分明，在现存的宋代缂丝传世作品中属上乘之作。

《平江图》上绘有灵岩山，山西南麓有韩世忠墓、韩蕲王碑。韩世忠、梁红玉都是抗金名将，别的不说，单说黄天荡一役，就名震宇内，功勋盖世。南宋初立，金兵已杀过长江，赵构原想把都城定在苏州，为避金兵，又向南迁移，改杭州为临安府，作为京都。金兵继续追击，这时传来韩世忠在长江下游集结宋军，意图截断金兵退路的情报，金兵统帅完颜宗弼，又称金兀术，担心被"包了饺子"，赶紧撤退。金兵北撤途中，在黄天荡中了韩世忠的埋伏，两军展开了一场惊心动魄的大决战。

金兵穿越黄天荡，然后横渡长江，在北岸弃舟登陆，便可撤回金国。金兵舟船黑压压地驶至湖心，忽听得梆声阵阵，宋军战船从四面合围过来，万道强弩，箭镞如雨，又有轰天大炮，接连发声，数十斤的巨石，似飞而至，触着处不是毙命，就是碎船。金兀术忙下令转舵，从斜刺里向东走，又听得鼓声大震，一彪水师突出中流，为首一员统帅，不是别人，正是威风凛凛的韩世忠。中军楼船上一员女将，头戴雉尾，足踏蛮靴，裹金甲，披锦袍，擂鼓鼓舞士气，正是梁红玉梁夫人。大红色锦袍，艳丽如火，在战场上格外显眼，极易招来敌方箭矢，是极危险的，战士一般都避免穿它。梁红玉特意披上大红战袍，分明是显示不避死的决心，她的决心激励着将士，人人随鼓声冲杀，势不可当。金兀术急令舟船转舵向西，拟从西路突入长江，却见湖口已被沙包堵了个严严实实。金兀术叫一声苦，命舟船循原路返回，打算从入湖处杀出去。到得入湖处，金兀术不由倒吸一口凉气，原来入湖处也被堵死了。看来，韩世忠的策略是要把他困死在这黄天荡。

金兵在黄天荡被困48天，折损过半，最后用重金买通一个渔夫，领着他们挖通淤塞了的老鹳河故道，逃了出去。此役令金国元气大伤，此后多年未能再集大军南犯。南宋终于有了一段相对安定的时期，宋高宗赵构坐稳了他的龙椅。韩世忠有如此大功，按理说高宗应该对他十分倚重，可是恰恰相反，高宗对他有所猜忌，一度有过除去他的念头。原来，岳飞被害，韩世忠激于义愤，跑去质问秦桧，要秦桧讲清岳元帅何罪之有，秦桧答道："莫须有。"韩世忠斥道："'莫须有'三字能服天下吗？"秦桧说："天下服不服我管不着，我只知不能让一个人不快。"韩世忠厉声问："谁？"秦桧不再说话，竖起右手食指，指了指天。韩世忠顿时泄了气，转身就走，从此不再对岳飞案发一声。

韩世忠毕竟是忌讳皇上的。

据说，高宗得知韩世忠质问秦桧，对他起了戒心。韩世忠觉察到了，便辞去官职，交出兵权，偕夫人梁红玉退隐苏州，在灵岩山下结庐度日。夫妻俩杜门谢客，韩世忠读书，梁红玉纺织。她织的是粗葛布，制成衣穿，以此表示无意再涉朝政，只想当个平民，太太平平打发余生。韩氏夫妇这样的举动，早有暗中监视者密报临安，高宗听了，摇头道："韩爱卿自简如此，理该赞许，朕只怕世人不明事理，嫌朕刻薄了勋臣。梁夫人既嗜织事，何不织些富绸贵缎，亦可彰显我朝之锦绣、世道之斑斓。"当即下旨，赐韩氏夫妇织锦机一架，克日送往平江府，并捎去口敕，云："睹物如面君，卿须好生体会朕意。君臣同心，社稷始稳。切切！"

韩世忠收到织锦机，接到口敕，知道皇上仍不放心他，便与夫人商议，如何才能使皇上彻底宽下心来。梁红玉说："恐怕还是我们考虑不周，只道布衣简行，自归庶辈，便可让皇上消除榻旁他人鼾声之忧，谁知皇上又怕你急流勇退，清贫立世，更赚名望，愈成潜胁。看来，我们须得效萧何了。"

萧何帮助刘邦建立汉朝后不久，黥布谋反，高祖御驾亲征，萧何坐镇长安保障后勤。汉高祖刘邦数次派遣使者问候萧何，有个门客对萧何说："您不久就会被灭族了。您身居高位，功劳第一，不可能再得到皇上的提拔。可是，自您进入关中，一直受百姓爱戴，如今已有十多年了。皇上屡屡派人问及您的原因，是害怕您深得关中百姓的人心，万一您与皇上有了二心，一呼百应，刘家江山危矣。现在您为何不多买田地，少抚恤百姓，自损名声呢？皇上必定会因此安心的。"萧何认为有道理，便依计行事，抢夺百姓田地，开始过奢侈的生活。高祖得胜回朝途中，有百姓拦路控诉萧相国，刘邦不但没有生气，反而暗暗高兴。这就是历史上有名的萧何以自污求自保的故事。韩世忠经夫人提醒，从此改弦更张，不再自奉简约，变得骄奢逸侈，狂妄贪婪，他把御赐织锦机用锦缎遮了，供在堂上，日日焚香，磕头跪拜，克尽人臣之礼，又命家仆四出逞威，软硬兼施，巧取豪夺，胁迫附近村镇织户隶于韩府，由夫人督工日夜赶织丝绸。织出绸缎，鬻于市集，换得钱财无数，却不外流一文，被人骂作"贪财乌龟"，他也不在乎。两年后，韩世忠携家眷搬到杭州西湖畔居住，将自己置于高宗眼皮底下。他不与同僚交往，朝中大小事情一概不问，在家也绝口不言兵事，不对国计大政发表任何见解，终日和妻妾品茶喝酒，吟唱歌舞。宋高宗终于完全释怀了，韩世忠也总算得以善终。临终，他留下遗嘱，希望葬在灵岩山，宋高宗满足了他的愿望，划了灵岩山下两亩地给他。不知情者都很奇怪，觉得韩世忠生前那样盘剥织户，难道不怕乡民将他的坟扒了？其实，韩氏夫妇当年鬻绸所得，都在暗中返给了织户，织户也都守口如瓶，只有皇上始终被蒙在鼓里罢了。

从《平江图》上，我们还可以看到，城内尚有许多空地。这些空地，有不少植有桑树，周围都是养蚕人家。苏州蚕户，对梁祝传说普遍很感兴趣。明徐树丕《识小录》云："按梁祝事异矣，《金楼子》及《会稽异闻》皆载之。"《金楼子》是梁元帝萧绎的著作，按此说，梁祝传说早在南朝就见诸记载了。宋张津《乾道四明图经》载："义妇冢，即梁山伯、祝英台同葬之地也。在县西十里接待院之后，有庙存焉。旧记谓二人少尝同学，比及三年，而山伯初不知英台之为女也。其朴质如此。"梁祝传说发展到宋朝，基本情节都已具备，而且还衍生出若干民间故事来，其中有个故事叫"英台化蚕"。

梁祝传说家喻户晓，大家只知道两人双双变成蝴蝶，怎么又弄出个"英台化蚕"的呢？苏州蚕农自有说法，说祝英台在被迫嫁往马家的路上，经过梁山伯墓，下轿去哭祭一番，正哭到伤心处，墓忽然裂了开来，她就往墓里一跳，墓随之合上，两只蝴蝶飞了出来。而新郎官马文才娶妻心急，骑着一匹驴从家中迎来，正巧看到这幕情景，吓得魂飞魄散，从驴背上滚下来，脑袋开了花，一命呜呼。

梁山伯、祝英台、马文才的灵魂，一齐来到阎王殿上，求阎王公断，到底哪个可以跟祝英台配夫妻？马文才觉得这件事是"三只指头拾田螺，十拿九稳"，自己的老爸是太守，在阳间为官，阳间阴间虽然是两个世界，但在他想来，官官相护的道理应该到处一样，阴间的大官小官都会照顾他这太守之子。梁山伯穷书生一个，不信还能争过他马大公子！

谁知阎王不吃阳间官场那一套，听了他们各自的叙述，眼珠一转，拿起笔来判道："男婚女配，月老牵线，只牵活人，不牵死鬼。今日此案，阴司未有，叫我来判，好不为难。职司之外，本王不管，愿聚愿散，随便英台。"写完判词，阎王吩咐牛头马面把三个新鬼轰出殿去，以后不准再来啰唆。阎王撒手不管，骨子里倒是偏袒梁山伯与祝英台的，因为他知道让祝英台自己去挑选，一定选梁山伯，不选马文才。这就应了梁祝生前的一句誓言："生前不能终身伴，死后也要常相随。"

梁山伯与祝英台在阴间安了家，恩恩爱爱，开开心心。马文才也在阴间安了家，孤魂一个，凄凄凉凉。梁、祝的家和马文才的家隔一条小河，两家一开门都能看见对方，马文才天天看见梁山伯、祝英台肩并肩、头靠头在那里吟诗作对，看得两只眼睛里都生出馋虫来了。

马文才不甘心，还想霸占祝英台。有一天，他趁梁山伯不在家，闯进去想抢跑祝英台，祝英台见门给马文才堵上了，慌忙变成喜鹊，从窗洞里飞出去。马文才立刻变成一只秃头老鹰，追了上去，眼看喜鹊快给老鹰抓住了，祝英台往地上一落，变了一只小白鼠，想找个窟窿钻进去躲起来。马文才摇身一变，变了一条花蛇，"哧溜溜"贴着草皮游得飞快。祝英台正在走投无路时，发现前方有间蚕房，急忙跑过去变成一条蚕钻进蚕匾，混在蚕宝宝堆里，心想这样子，你马文才总不能发现我了吧？谁知马文才跟着变了个麻苍蝇，也飞进了蚕房，在蚕匾上头“嗡嗡”地兜圈子，继续搜寻祝英台。祝英台害怕了，把身子蜷起来，露了馅，那麻苍蝇就对准她飞下来，打算咬她。马文才心想，我娶不到你，就把你咬死，叫梁山伯失去你这个老婆。马文才正这么想着，只听“啪”的一声，一拍子打下来，这个凶恶的麻苍蝇被打死了。原来是养蚕娘子及时赶到，挥动蝇拍打了这只麻苍蝇。

为了防止再有麻苍蝇来捣蛋，养蚕娘子用纸把蚕房墙壁的缝都糊住了。祝英台呢，觉得在这里最安全，不想离开了，没再变回去，就一直做条蚕了。那么，梁山伯怎么办呢？难道这对恩爱夫妻从此就不再聚首了么？

梁山伯是个才子，这点难处难不倒他，他一动脑筋，有了，梁山伯、梁山伯，我的名字里不是有个“山”么，干脆，我就变成蚕房里的“山”算了，这样就永远跟蚕不分离了。不过，梁山伯自己没本领变，他去找嫘祖帮忙。嫘祖是黄帝元妃、专管蚕事的神。嫘祖很同情梁山伯和祝英台，愿意成全他们，手一挥，梁山伯的魂飘飘荡荡，飘进了蚕房，落在了叶蔟上。叶蔟是蚕农梳理干净的稻草，剪去顶端细嫩部分，将中间束紧做成，供蚕上蔟用的，俗称“蚕山”。蚕农说：蚕宝宝上“山”吐丝，吐不尽的丝，就是梁祝之间诉不完的情啊！

民间传说，从定义上来说，“是广大民众创作的，与一定的历史人物、历史事件和地方古迹、自然风物、社会习俗有关的故事”（李惠芳《中国民间文学》）。民间传说、故事是对历史文献的一种补充。宋代苏州蚕桑丝绸业的发达，城市的繁华，导致了许多这类题材的传说故事的产生，上述由《平江图》引出的相关故事传说，恰好证实了这点。读这些故事传说，读出的是宋代苏州丝绸的无穷趣味。

蓝眼睛看天堂

八茧吴蚕剩欲眠。东西荷叶两相怜。
一江春水何年尽，万古清光此夜圆。

蠶蛾
蛾初脫繭縛如蝶栩栩然得
偶粉翅光散子金粟圓歷月
判悠悠種嗣期綿綿送蛾臨
遠水蚤歸祝明年

元世祖至元年间(1264—1294),苏州城出现了一个高鼻梁、蓝眼睛的20多岁的外国人。这个外国小伙子名叫马可·波罗,意大利威尼斯人,出身于商人之家。1271年,年轻的马可·波罗怀着了解东方的目的,踏上了东行之途。他由威尼斯起程,渡过地中海,到达小亚细亚半岛,经由亚美尼亚折向南行,沿着底格里斯河谷到达巴格达,再沿波斯湾南下,从霍尔木兹向北穿越伊朗高原,折而向东,翻越帕米尔高原到达喀什,沿着塔克拉玛干沙漠的西部边缘前进,抵达叶尔羌绿洲,继而向东到达和阗、且末,再经敦煌、酒泉、张掖、宁夏等地,费时三年半,于1275年夏抵达元朝上都(今内蒙古自治区多伦西北)。上都是元世祖忽必烈夏季避暑的行宫,正式国都定在北京,当时称为大都。马可·波罗经过一段时间的休整,然后前往大都。

1219年，成吉思汗西征花剌子模国（位于中亚西部），1237年和1253年，成吉思汗之孙拔都、旭烈兀又分别进行了两次西征，蒙古人建立起横跨欧亚大陆的超级大国，东西交通畅行无阻，丝绸之路上前往东方的欧洲商人、传教士络绎不绝，马可·波罗就是被这股潮流裹挟来的。

马可·波罗来中国的目的是经商，他和西方的许多商人一样，盯着中国的丝织品。欧洲人从古罗马时代起，就十分珍视丝绸，但对丝绸的原料来源及生产方法一直疑惑不解，他们无法自行解决对丝绸的需求，所以还得到中国来采购。丝绸的巨大商业利润，驱使着马可·波罗这样的欧洲商人不辞奔波之劳，不畏路途之险，千里迢迢来到中国，跋山涉水买回丝绸，想想进项可观，也就虽苦犹饴了。

可能很多人会有疑问，元朝不是个野蛮的王朝吗？它对社会生产的摧残是极其严重的，丝绸难道还能独善其身？这个大问号并非凭空而来，元朝的民族矛盾异常尖锐，这个政权公开实行民族歧视政策，人分4等，蒙古人为第一等，色目人（其他少数民族）为第二等，汉人为第三等，南人（原来南宋境内的人）为第四等。这4等人之间的社会地位、法律地位都不相同。元朝大量没收汉族农民的耕地，并改为牧场，掠夺汉族百姓为奴。元朝知识分子也饱受歧视和苛待，所谓"一官、二吏、三僧、四道、五医、六工、七猎、八民、九儒、十丐"（清赵翼《陔余丛考》）是也。这样统治下的民众，怎还有生产积极性？作为高档消费品的丝绸，还有多少人用得起？消费萎缩，产量还上得去吗？元朝还有那么多丝绸供给西方市场吗？

何况，蒙元铁骑所到之处，屠戮紧随而至，据《剑桥中国史》，宋代中国人口至少有一亿两千万，而元代只有5000万，减少了7000多万。以常州为例，元至元十一年（1274），忽必烈下诏以伯颜为元帅，全面进攻南宋。次年，伯颜兵围常州，常州知州姚訔诈降，元军中计，先头部队大摇大摆进城，常州守军突然关闭城门，来个瓮中捉鳖，入城数千兵无一逃脱。伯颜遭此重创，恼羞成怒，率军猛攻，常州军民抵抗了一个多月，常州城终被攻破。伯颜下令屠城，到封刀时，常州城内成年男子只剩下躲在桥下的7人。

常州距苏州160余里，十二月初，伯颜兵进望亭，苏州代理知府王矩之、都统王邦杰见大军压境，掂量自己仅有几千守城将士，如若抵抗，无异于以卵击石，便跟元军联系，献城迎降。伯颜血不沾刃，得了苏州，下令元军暂不入城，屯兵于苏州城外，先派人进城张贴安民告示。告示曰："大兵入城时，不杀一人，不掠一物。居民有抗心自杀者，杀一家，有一家同尽者，屠一巷。"苏州居民看了告示，相诫不可轻生，免得连累家人和邻居。伯颜为什么严禁居民自尽，因为元军需要给养，新政府需要税赋，倘若将所有城都屠了，把汉人都杀光了，谁来种田做工，缴税纳粮？苏州不抵抗，那就不做报复性杀戮，留着做个示范，当时浙江以南大片土地还在南宋手里，伯颜要让尚未被征服的地方看看，你们是走常州的路呢，还是走苏州的路？这一招果然有效果，其后元军南进遇到的抵抗就小得多了，四年后，宋、元在广东崖山打了最后一仗，抗元残余力量全部覆灭，南宋灭亡。宋元战争期间，苏州未遭屠戮，未毁于兵火，生产很快恢复，丝绸业也基本得以保全，成为当时仅剩的几个蚕桑丝织基地之一。

伯颜对苏州很重视，占领当年就置浙西路军民宣抚司，次年改宣抚司为平江路。“路”是地方行政单位，相当于今天的“较大市”。苏州有了政府管理，社会秩序渐渐上了轨道，丝绸生产能力也不断提高。至元年间，朝廷在苏州城平桥南专门设立了织造局，遣官督理，具有高超技艺的丝绸工匠被聚集在官办作坊内，为皇室生产高档的丝绸，苏州出产的为织金类织物，象征着皇家和贵族的尊贵与权势。待到马可·波罗来到苏州，他看到的是“一个壮丽的大城，周围有二十英里，出产大量的生丝，这里的居民不仅将它用来织造绸缎，供自己消费，从而使所有的人都穿上绸缎，而且还将之运往外地市场出售”（《马可·波罗游记》）。

马可·波罗显然是夸张了，元代苏州居民处境虽比其他地方稍好一些，但也只是多一点活命的机会罢了，哪里有都能穿上绸缎衣服的福分！马可·波罗是个“亲元派”，他眼中的元代各地，都是被美化了的，这和他来中国后的经历有关。据马可·波罗自己说，他在中国一共待了17年，刚到大都就受到元世祖的接见，他在《马可·波罗游记》里回忆道：“大汗的御名为忽必烈汗，最后这个字在我们的语言中是指众王之王。他的确配得上这个称号，因为就所统治的人民的数目，幅员的辽阔，收入的巨大，他已超过了世界上过去和现在的一切君王；并且也从没有一个君主具有他那样的权威，获得他所统治的人民的绝对的服从。”马可·波罗把元世祖描绘成一位英明皇帝，是为了抬高自己的身价。据他自己所说，忽必烈很欣赏他，赏他官职，派他巡视各地，甚至还护送一位蒙古公主到波斯成婚。他到中国时带去了罗马教皇给元世祖的信，回国时又带回了元世祖给罗马教皇的信，俨然是个肩负重大外交使命的友好使者。但是，翻遍史书，并没有一条材料可证明马可·波罗担任过元朝官职，甚至没有一条关于马可·波罗的记载，不像明朝时的意大利天主教耶稣会传教士利玛窦、清朝时的神圣罗马帝国耶稣会传教士汤若望，这二位，史志上可是记得一清二楚的。马可·波罗自称在扬州做总管三年，但史书和扬州地方志都没有记载；具有典型中国特色的事物，如长城、茶叶、印刷术等，他在《马可·波罗游记》只字未提，中医、筷子、妇女缠足、用鸬鹚捕鱼等民俗内容也一样未录，众多疑点，令人怀疑马可·波罗记入他著作里的中国，是他道听途说、向壁虚构的；他还捏造了“襄阳献炮”，他说元军久攻襄阳不下，于是他献出了威力巨大的抛石机，迫使襄阳守将出降。事实是元军攻襄阳时，他还在来中国的路上，献抛石机的是“西域旭烈”的亦思马因和阿老瓦丁。《元史·方伎传》：“亦思马因，回回氏，西域旭烈人也。善造炮，至元八年（1271）与阿老瓦丁至京师。”白纸黑字，写得十分清楚，所以，马可·波罗不可信，持这种看法的，史学界称其为“质疑派”。

有质疑派就有“力挺派”，力挺马可·波罗的学者坚持说：“马可·波罗是第一个游历中国及亚洲各国的意大利旅行家。他依据在中国十七年的见闻，讲述了令西方世界震惊的一个美丽的神话。这部游记有‘世界一大奇书’之称，是人类史上西方人感知东方的第一部著作，它向整个欧洲打开了神秘的东方之门。”“《马可·波罗游记》记录了中亚、西亚、东南亚等地区的许多国家的情况，而其重点部分则是关于中国的叙述，马可·波罗在中国停留的时间最长，他的足迹所至，遍及西北、华北、西南和华东等地区。他在游记中以大量的篇章，热情洋溢的语言，记述了中国无穷无尽的财富，巨大的商业城市，极好的交通设施，以及华丽的宫殿建筑。以叙述中国为主的游记第二卷共82章，在全书中分量很大。”“《马可·波罗游记》打开了欧洲的地理和心灵视野，掀起了一股东方热、中国流，激发了欧洲人此后几个世纪的东方情结。许多人开始涌向东方，学习东方，以致欧洲经历了翻天覆地的变革。许多中世纪很有价值的地图，是参考游记制作的。许多伟大的航海家，扬帆远航，探索世界，是受到马可·波罗的鼓舞和启发。”

“公说公有理，婆说婆有理”，看来，这两派要做好打持久战的准备。我们倒是赞同国学大师钱穆的说法，钱穆说他宁愿相信马可·波罗真的到过中国，因为他对马可·波罗怀有一种“温情的敬意”。钱穆的说法很风趣，很睿智，“快刀切豆腐，两面光”，把两派的观点都包容了。我们也宁愿相信马可·波罗到过苏州，对《马可·波罗游记》关于苏州丝绸的表述表示

“温情的敬意”，因为，它让我们通过这位年轻威尼斯商人的蓝眼睛，看到了并未被战火从地图上抹去的“人间天堂”，也看到了丝绸顽强的生命力——纵然是在元朝这样特殊的年代，仍能存活下来，并有所发展。20世纪60年代，苏州盘门外张士诚母曹氏墓中出土了大量的元代丝织品，有锦、缎、绫、绢等衣物、被褥，纹饰图案极为精致，有凤戏牡丹、喜鹊栖枝、梅兰竹菊等。而且，史料显示，元贞元年（1295），元朝还在玄妙观机房殿设立了吴郡机业公所，这意味着南宋时期的专业丝织作坊已经劫后复生，恢复了元气。

元朝虽然寿不算长，毕竟也有近百年，要维持这个“百年老店”，须靠经济支撑。忽必烈死后，铁穆耳继位，是为元成宗。元成宗停止对外战争，专心整顿国内军政，采取限制诸王势力、减免部分赋税、新编律令等措施，使社会矛盾有所缓和。蒙古入主中原后的第四位皇帝元仁宗爱育黎拔力八达，提倡汉化，恢复科举取士，史称“延祐复科”，使统治集团和知识分子的关系也有了改善，汉人有了进入仕途的通道，在各级官府担任高级职务也有了可能。在《元史》《新元史》和《蒙兀儿史记》所作传的864名三品以上的官员中，汉人占了409位，约总数的47%。爱育黎拔力八达之子元英宗硕德八剌，继承其父“以儒治国”政策，并于至治三年（1323）下令编成并颁布《大元通制》，从此元帝国有了正式法典。英宗之后的第三位皇帝元文宗图帖睦耳，大兴文治，下令编纂《元经世大典》，这是元代一部重要的记述典章制度的巨著。这两部作品，在文化史上要各树一块里程碑。由此可见，元朝的政治、法律、文化都在逐渐步入正轨，并取得一定的成果。元曲异军突起，与汉赋、唐诗、宋词、明清小说一样，对中国文学有深远影响。元曲分散曲与杂剧，散曲有关汉卿、马致远、张可久与乔吉四大名家，杂剧有关汉卿、马致远、白朴、王实甫与郑光祖五大名家。元代书画亦有较高成就，名家辈出，书法有耶律楚材、赵孟頫、康里巎巎、危素等名家，绘画有黄公望、王蒙、赵孟頫、朱德润等名家。

文化的繁荣往往是经济景气的反映，文化和经济互为表里。比之衣服，文化是面，经济是里；文化是软实力，经济是硬实力。元朝的经济，走过一大段弯路，蒙古可汗进入中原之初，残酷的屠杀和劫掠，给北方地区的经济带来了几乎是毁灭性的破坏。蒙金战争时期，蒙古人曾打算尽杀汉人，把耕地都变为牧场，大臣耶律楚材力主保留汉人的农业生产，以提供财政上的收入来源，这个建议受到铁木真（成吉思汗）的采纳。成吉思汗的继承者虽然并未真正放弃野蛮政策，但坐稳江山后，总得考虑赋从何出，税从哪来，故而实行了一些鼓励生产、安抚流民的措施，将经济重心转到农业上来。由于统治者总体上的残暴和竭泽而渔式的剥削，元朝整体生产力比宋朝低，不过，在生产技术、垦田面积、粮食产量、水利兴修以及棉花种植等方面，都取得了较大发展，而对于皇室贵族最喜爱又最能替朝廷挣钱的丝绸，统治者更是给予了相当宽松的发展条件。

元朝的丝织业承袭了南北朝以来的发展趋势，以南方为主，丝绸的主产区在长江下游，其产量远高于黄河流域。更重要的，是此时出现了大量的蚕桑丝织著作，官方和民间都撰写、编辑了不少这方面的技术书籍，孟祺等人的《农桑辑要》、王祯的《农书》、鲁明善的《农桑衣食撮要》、薛景石的《梓人遗制》、刘基的《多能鄙事》相继问世，并被大批量刊印。如《农桑辑要》以政府农业管理部门大司农司的名义印发，仅在浙江就印发了一万部，普及甚广。这些专书详细而系统地总结了栽桑、养蚕、制丝、染色乃至服饰加工的经验，如《农书》总结出了六种常用的桑树嫁接方法和笼蒸法制丝术。笼蒸法为元代所创，鲜茧的干燥处理方法过去分日晒、盐浥两种，元代开始以笼蒸法处理蚕茧，是丝织业的一项重大技术革新。

元朝是中国历史上首个由少数民族建立的大一统王朝，又是幅员最辽阔的王朝。元朝疆域东起日本海、南抵南海、西至天山、北包贝加尔湖，元史称“北逾阴山，西极流沙，东尽辽左，南越海表”。元朝的统一促进了南北缫丝技术的融合，宋代时，南北两地缫丝技术有所区别，北方缫车车架较南方的低，机件较完整，丝的导程较短；在缫丝水温上，南方用冷盆，北方用热釜，冷盆速度虽慢，但质量高，元代为北缫车与南冷盆的融合奠定了基础。在染色工艺方面，元代新增了不少染料，如产于西北地区的优质回回茜根，用于染绛色；产于东北地区的鼠李，用于染绿色，后成为“中国绿”；此外还有大量民间的土染料，也得到了利用，如农村中的桑皮、茶叶、莲子壳、黑豆、榛皮等。用于媒染的助剂种类也有所增加，如黄丹。由于染色技术的提高，元朝丝绸染色的色名已极为丰富，红色类有12种，黄色类7种，青绿类12种，褐色类更多达30种，要在同一种色调中明确区分出这么多种色彩，有赖于染料的组合、染色工艺的创新，以及对染色过程的准确控制。元代丝绸色名的丰富，正是染色技术发达的结果。元代丝绸以中原风格为基调，又掺入了蒙古游牧风格、中亚波斯风格以及藏传佛教风格，形成特有的华夏一统、中西合璧的风格。总之，元代纺织品虽然大都继承前代，但风格与品种颇有特色，以色彩华丽、纹样丰富著称。

丝织业的发展不仅为元王朝提供了稳定的赋税来源，也推动了贸易的发展与城市的进化，为元王朝的对外交流奠定了坚实的物质及文化基础。在元代这一中国特殊的历史时期，丝绸为元王朝的发展以及社会的稳定做出了一定贡献。

布和绸

寒压衾绸，光摇书幌，夜深香梦初残。
细听窗户，簌簌乡春蚕。

棉花是亚热带植物，原产地为印度和阿拉伯。棉花传入中国，据说是在南北朝时期，也有说在秦汉。棉花传入中国之前，中国只有可供充填枕褥的木棉，没有可以织布的棉花。宋朝以前，中国只有“绞丝旁”的“绵”字。这从记述南朝刘宋一代历史的纪传体史书《宋书》（南朝沈约撰）中可得到证实：“江南……地广野丰，民勤本业，一岁或稔，则数郡忘饥。……丝绵布帛之饶，覆衣天下。”到了宋朝“木”字旁的“棉”字才见诸书籍，南宋袁文《瓮牖闲评》：“木绵，亦布也，只合作此绵字，今字书又出一棉字，为木棉也。”棉花初入中国，多在边疆种植，“宋元之间始传种于中国，关陕闽广首获其利，盖此物出外夷，闽广通海舶，关陕通西域故也”。棉花传入内地当在宋末元初，据宋庞元英《文昌杂录》等记载，除两广、海南岛、云南种棉外，福建也在种植棉花。长江流域由于气温较低，多年生棉花不能越冬，直到培育出一年生棉花后，才逐渐被推广种植，自南向北，由东往西，向长江和黄河流域扩展。宋末元初，胡三省在注《资治通鉴》时指出："木棉，江南多有之。"元王祯《农书》也说，木棉"本南海诸国所产，后福建诸县皆有，近江东、陕右亦多种，滋茂繁盛，与本土无异"。又说，"木棉产自海南，诸种艺制作之法，骎骎北来。江淮川蜀，既获其利。至南北混一之后，商贩于此"。这说明长江流域在宋末元初已较多地种植棉花，且棉花种植业发展很快。种棉"比之蚕桑，无采养之劳，有必收之效；埒之枲苎，免绩缉之工，得御寒之益，可谓不麻而布，不茧而絮"，以致"地无南北皆宜之，人无贫富皆赖之"。棉花产量大，生产成本低，因此，棉制品价格比较低廉，大受市场欢迎。市场需求又反过来刺激了棉花种植，到至元年间，长江流域的棉布产量已相当可观。朝廷于至元二十六年（1289），"置浙东、江东、江西、湖广、福建木棉提举司。责民岁输木棉十万匹"（清赵翼《陔余丛考》）。元政府发现了这个新财源，立即抓住不放，棉花、棉布成了元王朝一个新"提款机"。

学界有个观点是，全国棉花的推广是明初的事，明太祖朱元璋出身贫寒，当了皇帝体恤百姓，想让百姓穿得舒服些，于是采用强硬手段推行种棉织布，下旨"益种棉花"，并"率蠲其税"，意思是谁家多种植棉花，谁家就可以免收赋税。朱元璋还规定农户不管贫富都得种棉花，五亩地以上的人家必须要种半亩棉花，不种的话就充军。这样的强硬措施使棉花的种植面积显著扩大、产量激增，棉布大量应市。世界上第一部关于农业和手工业生产的综合性著作《天工开物》（明宋应星撰）中这样形容当时的盛景："棉布寸土皆有……织机十室必有"。其实，棉花在元代已被大力开发，明代吃的是"现成饭"。

最早记载棉花栽培技术的农书是唐韩鄂的《四时纂要》，由于那时棉花并未被人们普遍认识，该书也就没能引起各界的重视，以致散失了。元代，棉花异军突起，"元朝三大农书"（王祯的《农书》，孟祺等参加编写及修订补充的《农桑辑要》，鲁明善的《农桑衣食撮要》）都把棉花生产放在与粮食生产同等重要的地位，且都有关于棉花栽培技术的记载。元代棉花产量超过了桑麻，并逐渐取代丝、麻，成为纺织的主要原料。与之形成落差的是棉织工具简陋，技术低下，成品比较粗糙。这种状况急需改变，时代在呼唤一位人物的出现。

这位人物就是黄道婆。

黄道婆（1245—1330），松江府乌泥泾镇（今上海市徐汇区华泾镇）人。她出身贫苦，少女时期流落崖州（今海南岛），以道观为家，向黎族人民学习棉纺，成为一名纺织能手。中年后回到家乡，改良工具，教人制棉，传授和推广"捍（搅车，即轧棉机）、弹（弹棉弓）、纺（纺车）、织（织机）之具"和"错纱配色，综线挈花"等织造技术。黄道婆所织的被褥巾带，"其上折枝、团凤、棋局、字样，粲然若写"。由于乌泥泾和松江一带人民迅速掌握了先进的织造技术，一时"乌泥泾被"广传于大江南北。据王祯《农书》记载，元中期已有搅车、弹弓、卷筳、纺车、拨车、軠床、线架、织机等工具，错纱、配色、综线、挈花等方法以及棉布织成的被、褥、带、帨（手巾）等产品。印染技术也有较大发展，元末生产的青花布，颜色经久不褪。棉纺的这些进步，黄道婆功不可没，因此，时人尊称她为黄娘娘，后人立祠祭祀她。

当时有一句民谚，叫作“收不尽的松江布，纺不尽的魏唐纱”，松江府成了元代的棉纺中心，和丝绸中心苏州在纺织业双执牛耳，并驾齐驱。棉布是织界新星，丝绸是“老字号”，似乎免不掉一场激烈的市场争夺战，然而，纺、织这两个大牌，却相安无事。因为，棉和丝各有其适配性，服务对象不同，顾客群体不同。棉布面向庶民，丝绸面向富人，它们如“两股道上跑车——撞不上”。庶民从来就穿不起丝绸，富人一贯披绸裹锦，两块市场泾渭分明，不相重叠。棉布挤占的是麻布的市场份额，有棉布前，庶民穿麻织的衣服。在现代人概念里，麻布是以亚麻、苎麻、黄麻、剑麻、蕉麻等各种麻类植物纤维制成的一种布料，具有透气清爽、轻薄舒适、耐洗耐晒以及防腐抑菌的特点，一般用来制作休闲装、工作装，穿着挺时尚的。但是，即使今天的麻布服装，也是质料较为粗糙、生硬，穿着不甚舒适的，缺点非常明显，遑论六百多年前的元代。那时的麻布更粗糙，穿在身上摩擦皮肤，皮肤很容易被磨破。棉布比起麻布来，不知柔和多少倍，深受庶民欢迎，迅速替代了麻布，成了庶民阶层的新宠。庶民阶层极其庞大，因此棉布有着庞大的市场，何必与丝绸争夺呢？何况，当真要争，丝绸那块市场，棉布也是争不到的，毕竟棉布无论怎样精工细织，也达不到丝绸的档次，适应不了丝绸顾客群体的消费习惯和口味。于是，棉布和丝绸各有千秋，各领风骚，各代表一个阶层，穿棉布的叫“布衣”，穿丝绸的称“衣锦”。布衣和衣锦的转换，就是地位、身份的变化。

前文我们提到元代知名画家中有个朱德润，诗师李白，书学二王，山水画初学许道宁，后另辟蹊径，画风苍茫清逸，多画溪山平远、林木清森之景，笔墨劲健有力，景物富真实感。在朱德润身上，就体现了这样的转换和变化。朱德润的出生很有些传奇色彩，其母吉夫人怀他的时候，他祖母施老夫人正患重病，眼看不治，他祖父就忙着为老伴选坟地。朱家居住在昆山，不知通过什么途径，获悉苏州城西阳抱山风水极佳，朱老先生便风尘仆仆跑到那里，选中了一块吉壤。朱老先生在这里刚选中老夫人的阴宅，那边老夫人在昆山家里就做了个梦，梦见一位紫衣男子对她说：“我叫陆绩，我的墓就在你家选中的墓地上，你如果不夺我的冥邸，会有好报的。”施老夫人惊醒过来，回味梦境，叹道：“或许这是上天在告诫我，只要朱家不夺人所好，说不定我能活到看见孙子出世。”施老夫人赶紧遣家人赶往苏州，把这个梦告诉自己的丈夫。朱老先生不大相信，雇人掘地探个究竟，未挖多深，就挖到了一块墓碑，碑上书有“郁林太守陆公绩之墓”。朱老先生肃然起敬，焚香燃烛，命工役将墓碑原地掩埋，还把已塌平的坟墩重新垒高，用石条砌了坟圈。老夫人的墓址，另请堪舆高人卜选于陆绩墓附近。

这里朱老先生刚把这些事做完，昆山那边施老夫人当夜又做了个梦，入梦来的仍是那位紫衣男子，向她作揖道："你家真是仁义之家，为报答你的盛德，我愿意投胎做你的孙儿。"施老夫人大喜醒来，身上的病似乎也好了许多。

本来郎中断言拖不了十天半月的施老夫人，居然奇迹般多活了百余日，等到吉夫人生下一个大胖小子，抱给她看了一眼，她才脸带微笑，安详地闭上了眼睛。

赶上给祖母送终的这个初生婴儿，名德润，字泽民。古人取名是很讲究的，德润，润之以德也；泽民，给庶民百姓以雨露滋润也。朱家希望这个孩子长大后有所建树，恃德为民。可是，要想实现这个愿望，就得当官，当官就得通过科举。元仁宗年间恢复科举取士，至元亡，一共才举行了16次科考，史称"元十六考"，录取进士1139名，可谓少矣。朱德润幼时即秀异绝人，读书过目不忘，赶考却因"粥少僧多"，无所斩获，榜上无名，他心中郁愤，脱下绸衣，换上棉服，表示自己只是个平民百姓，以此做无声的抗议。

幸好，自仁宗以后的元朝皇帝都喜爱绘画，这就给画家开了扇门，画艺高超者可入仕为官。朱德润25岁抵大都（今北京），得赵孟頫推荐，深得仁宗、英宗青睐，留用朝堂，任国史院编修官、镇东中书省儒学提举。朱德润既已是朝廷命官，自然锦袍加身，服装的再次更换，显示着他身份的变更。

朱德润为官清廉，有当年陆绩遗风。陆绩（187—219），三国时吴郡吴县（今苏州）人，学者，博学多识。吴帝孙权委任陆绩为郁林（今广西梧州、玉林一带）太守，他在任上为政清廉，两袖清风。任满返回故里，走的是水路，内河不通，须绕海道。陆绩为官一任，只有一点薪俸，毫无外财，吃用开销已去掉薪俸大半，积下来的钱买不起大船，只能买一条普普通通的木船。这条船在一般情况下也能保证安全航行，但是，万一风大了，浪高了，就有点危险，船身的分量无法压住海浪，被掀翻了可不是闹着玩的。陆绩因行李太少，只能用一块大石压舱，靠着这块大石，镇舟而行，平安到达苏州。这块大石现在叫"廉石"，被收藏在苏州碑刻博物馆内。陆绩是中国廉政文化的标志性人物，朱德润继承了陆绩的官德官风，对得起他祖母所做的那个梦。

英宗死，朱德润回家闲居30年，专注于读书创作。他又脱下了绸衣，穿上棉布衣服，表示自己回归到平民百姓的行列。朱德润有《秀野轩图》《林下鸣琴图》《松溪放艇图》等传世。朱德润善诗，多写景状物，亦有触及时弊之作，如"人生盗贼岂愿为，天生衣食官迫之"等。但更多的是叙述淡泊生活之作，如《沙湖晚归》："山野低回落雁斜，炊烟茅屋起平沙。橹声归去浪痕浅，摇动一滩红蓼花。"这似乎更适合他甘为平民的心态。朱德润著有《存复斋集》10卷。72岁去世，安葬在阳抱山其祖母及母亲的墓旁。

从朱德润三次易服这件事上，我们可以看到元代人对棉布是很青睐的。由于棉布被广泛使用，丝绸就更多地被用来进行对外贸易，对外贸易主要是通过海运。马可·波罗来中国主要走的是陆路，他沿着陆上丝绸之路从西方进入了东方。元代东、西方之间的交通没有障碍，但大批量货物靠马拉、骆驼驮，成本太大，不如海运合算。这笔账，元政府从漕运上就算出来了。在元代之前，国内物资以运河漕运为主，元朝定都北京后，对大运河截弯取直，从北京直通苏杭，不再绕道洛阳，比隋唐大运河缩短了1800多里。但是，有些河段经常淤塞，“运河隘浅，不容大舟，……转输艰而縻费重”（元陶宗仪《南村辍耕录》），元政府于是大力开辟海上运输，每年都有大批的运粮船队，从南方出发，经行东海、黄海、渤海，最后将货物运送到北方，“当舟行风信有时，自浙西至京师，不过旬日而已”（《元史》）。利用海道运输的内需很自然地转向了外贸，马可·波罗在他的《马克·波罗游记》里就有记载：“有一大河流到大海，因此船舶来往频繁，附近有澉浦城，是一个海港，种种商货都由此地运往印度和其他国家。”

秦汉以来，我国造船史上出现了战船、官船、民船等各式船型：东晋时期，长江上曾出现两万斛的大船；隋唐时隋炀帝乘坐的“龙舟”；宋朝时长三十六丈、宽四丈一尺、高七丈二尺的大型战船等都可以说明古代造船技术的高超。元代在此基础上又有所发展，完善了建造楼船的技术，最大的楼船装载量可达八九千石，这种楼船首尾可以互换，十分灵活。同时，当时的航海技术也很发达，在每一艘船上都有一名善于利用季风规律出海、返航的艄公，他们“凭针路定向行船，仰观天象，以卜明晦”。如此庞大而壮观的海上航运队伍，在当时是前所未有的，海运成为元代经济史上的一大特色，并为一百多年后明代郑和七下西洋，做了重要铺垫。

元张昱《辇下曲》："国初海运自朱张，百万楼船渡大洋。有训不教忘险阻，御厨先饭进黄粱。""朱张"，即元代崇明人朱清和嘉定人张瑄，两人因开创元代海运、促进元代经济繁荣而被载入《元史》《新元史》等。至元十三年（1276），伯颜攻下临安，夺取了南宋的图籍、仪仗、乐器和大量财物，因两淮地区仍为宋军控制，元军不能从陆路北上，伯颜便委派朱张二人用海船将这些东西运到大都。这次尝试揭开了元代海运的序幕，至元二十九年（1292），朱张开辟海运新航路，自太仓刘家港入海，远航海外诸国。自此，刘家港成了国际贸易商港，商船云集，"旧本墟落，居民鲜少"的穷乡僻壤变成了"番汉杂处，闽广混居""商船旅泊，贸盈市集"的大镇，琉球、日本、高丽等国商船均进港贸易，刘家港被称为"六国码头""天下第一码头"。"朱张"经营海运有功，朱清官至大司农、江南行省左丞，被朝廷赐予玉带；张瑄也做了江浙行省知政事，海道运粮万户，并被朝廷赐予钞印，享有发行纸币的特权。二人权倾一时，富贵显赫，田地、房屋、粮仓遍布东南"八路十五州"。苏州有以朱、张命名的朱张巷（今郏长巷）。有史料称，朱清、张瑄"主海运，富甲一郡，同营广厦于此"，"两家第宅遍吴中，今朱张巷其故地也"。

靠海运发家的人当中，还有个沈万三，昆山周庄人。周庄现在是国家首批5A级景区之一，有"中国第一水乡"之誉，景点有沈万三故居、沈万三水底墓、沈厅、富安桥、双桥、怪楼以及周庄八景等，全年接待游客数百万，凡游周庄者，必然接触到与沈万三相关的前三个景点，必然会听到导游介绍沈万三，回去后难免会与人谈起周庄见闻，于是乎，元末明初的这位巨富几乎成了妇孺皆知的人物。周庄土地肥沃、气候温和、灌溉方便，历来是种桑养蚕的好地方。沈万三将周庄的丝绸贩往外地，获得了第一桶金，又用这些资本造船出海，把丝绸、瓷器、布匹、粮食和手工艺品等运往海外，把海外的珠宝、象牙、犀角、香料和药材运回中国，进行“竞以求富为务”的对外贸易活动，很快使自己成为江南第一豪富。现存记载沈万三的史料主要有《循陔纂闻》《云蕉馆纪谈》《柳亭诗话》《碧里杂存》《秀水县志》《吴江县志》《周庄镇志》《巢林笔谈》《吴风录》《锦衣志》《苏谈》和《刘氏鸿书》等十余种，每一种都说沈万三富可敌国。

《老子》第五十八章：“祸兮福之所倚，福兮祸之所伏。”沈万三还真应了这句话，因为富，他遭了祸，那是明朝初年的事了，我们放到后面一章去讲述。

翻到后面一章，我们就进入中国第八个大一统王朝——明朝了。

明初的那些事儿

对案未能食，历历问桑梓。

由元入明，汉人都欢欣鼓舞，沈万三却提心吊胆。因为他做过两件触及新王朝逆鳞的事，一是替元朝政府运输物资，二是助张士诚守城。中国政治有个传统，就是新王朝建立，都要清除“前朝遗孽”。沈万三是个商人，商人的特性是决不放过任何赚钱的机会，元朝在平江府设海道都漕运万户府，万户府下按地区分设7个千户所，负责将江南漕粮运往大都。根据史料，元朝政府一年可征收粮食1201万石。除去腹里地区（现在河北等地）的227万多石以外，各行省共征收粮食974万石，江浙行省（今江苏、安徽两省的江南部分，江西的一部分以及浙江、福建两省）为449万石，几乎占各行省征收总额的一半、全国征收粮食总数的1/3。所以，元朝统治者对于江浙地区粮食的北运（漕粮运输）极为重视，给的运费较高。沈万三瞅准了这个机会，设法承包了一个千户所，赚了大笔银子。而且，通过替政府运输漕粮，他还与中央及地方许多官员成了“铁哥们”。这些官员对他采购丝绸、瓷器等出口物资给予了特别的关照。沈万三富可敌国，与他跟元朝政府的密切关系是分不开的。朱元璋要收拾他，这就是个现成的理由。

然而，这还不是最致命的，还是有办法疏通的，让朱元璋咬牙切齿的是沈万三曾资助张士诚。元朝末年，四海动荡，群雄角逐中，朱元璋脱颖而出。朱元璋想要得天下，主要对手有两个，一个是陈友谅，一个是张士诚。朱元璋先向西灭了陈友谅，再掉头向东攻打张士诚。朱元璋发兵20万，由徐达、常遇春两员大将率领，将苏州城团团围困，一围就围了3年之久。张士诚据城固守，怎能坚持这么久呢？因为张士诚在苏州期间，轻徭薄赋，不过分盘剥、欺压百姓；他还实施了一系列鼓励农桑的措施，使苏州的经济得到恢复和发展。苏州人不想看到张士诚失败，纷纷助其抵御朱元璋，沈万三也加入了这个行列，捐了不少钱给张士诚做军资。这叫“政治上押错宝，组织上站错队”，后果将极其严重。

苏州失守，朱元璋军突入了城区，为报复帮助张士诚的苏州人，朱元璋下令大开杀戒，“遇士女，必处以军法”，“三岁小儿亦当斫为三段”（明杨循吉《吴中故语》）。接下来是横征暴敛，明陆容《菽园杂记》道：“苏州自汉历唐，其赋皆轻。宋元丰间，为斛者止三十四万九千有奇。元虽互有增损，亦不相远。至我朝止增崇明一县耳，其赋加至二百六十二万五千九百三十五石。……官田每亩有九斗、八斗、七斗之额，吴民世受其患。”《蓬窗类记》更是直接指出：“明祖（朱元璋）多用吴民实金陵坊厢，盖亦取其能与张吴王效死也。”

朱元璋对苏州百姓采取的一系列报复性措施，让沈万三看到了形势的严峻，他是个精明的商人，决定大出血，拍皇帝的“马屁”以求得太平。先是朱元璋要重修南京城墙，沈万三“助筑都城三之一”，即今南京城墙的中华门到水西门一段，朱元璋暂时放过了他。沈万三以为财神菩萨真能搞定一切，索性趁热打铁，请求出资犒赏三军，这一下“马屁”拍到了“马脚”上，《明史·太祖孝慈高皇后传》：“（沈万三助筑城之后）又请犒军。帝怒曰：‘匹夫犒天子军，乱民也，宜诛。’后谏曰：‘妾闻法者，诛不法也，非以诛不祥。民富敌国，民自不祥，不祥之民，天将灾之，陛下何诛焉。’”朱元璋买老婆面子，没有砍沈万三脑袋，处其以巨额罚金，将他充军到云南去了。

俗语说“瘦死的骆驼比马大”，沈万三财产损失大半，人又被发配云南，但沈氏家族仍然人丁兴旺，日子照样过得舒舒服服。朱元璋每念及此，非常不快，总想找个把柄灭了沈氏满门。这个把柄，有人给送来了。

同里镇有户陈姓人家，有个弱智儿子，弱智儿娶妻梁氏，梁氏倒是个知书善吟的美貌女子。同里与周庄相邻，沈万三的女婿顾学文经常往来于两地，船到同里，停泊的河埠恰好在梁氏卧室的窗下。梁氏每日临窗绣花，打发无聊的时光。顾、梁起初是无意间照面，渐渐有意识互视，顾慕梁之美色，梁羡顾之英俊，两人心里都有了些意思。一日，顾学文从家中对外贸易的丝绸中精心挑选出一匹，携至同里，站在船头用手势让梁氏放下一只竹篮，他将绸匹放入篮中送给了她。隔了几日，顾学文再到同里，看见梁氏穿着用那匹绸裁制的衣裳，上面还绣了几朵桃花，站在窗前朝他微笑。梁氏本就貌美，如今给一袭绸衣衬托得又添几分姿色，在顾学文眼里，俨然九天仙女下了凡尘。从此，两人频频书信传情，全靠那一只竹篮上上下下代替鱼雁。弱智儿懵然不知，其父因在外当差，难得回家，也被蒙在鼓里。只有陈某的兄长，也就是弱智儿的伯父，听到了一些风声，便暗嘱梁氏身边的丫鬟，把顾学文情书偷出，寄给了在外县当师爷的陈某。陈某看后，勃然大怒，但考虑到仅凭这些书信，告官也未必会有什么结果，反而败坏了陈家的声誉，因此暂且隐忍，等待时机。不久蓝玉案发，陈某有了主意，他将顾学文情书中为了标榜自己的地位，说沈家和包括凉国公蓝玉在内的达官贵戚皆有交谊的词句一一摘出，写成一封告密信递往京城。

中国历史上的开国皇帝，有两位以诛杀开国功臣闻名，一是汉高祖刘邦，一是明太祖朱元璋。刘邦杀掉功臣就罢手了，朱元璋却连续制造胡惟庸案和蓝玉案，胡惟庸案牵连致死者达三万余人，蓝玉案被杀者达一万五千多人，功臣宿将几乎被“一网打尽”。牵涉这两大“谋逆”案的，无一幸存。朱元璋本就容不得周庄沈氏，现在有了这封告密信，岂会轻易放过。不但顾学文，连同他的父亲、兄弟、妻族一大批人，统统以“谋逆”大罪处死，财产全部被没收。至此，沈万三一系彻底完蛋。梁氏亦被公公陈某逼令自缢。这件事从洪武二十六年起到洪武三十一年才平息，这在清嘉庆《同里志》中有详尽记载。

朱元璋如此对待沈万三，固然有政治因素，但也有他自小埋在心底的仇富心理。自秦至清，中国九个大一统王朝的开国皇帝中，朱元璋出身最低贱，放过牛，讨过饭，当过小沙弥。坐了金銮殿，想起小时候吃的苦，对富人的成见就怎么也消除不了。他写过一首打油诗：“百僚未起朕先起，百僚已睡朕未睡。不如江南富足翁，日高丈五犹拥被。”皇帝发牢骚，公然表示嫉妒乡下土财主，也真够“奇葩”的。在朱元璋眼里，富人都是为富不仁的，概莫能外，尤其苏州富人，都是“小沈万三”，都不是什么好东西，所以，他要将苏州的大批富户迁至凤阳及苏北等地，史称“洪武赶散”，并没收他们的田产。直到今天，苏北阜宁、滨海人，还说自己的祖上是从苏州阊门迁来的。“洪武赶散”吓坏了一个地方，这个地方名“富土”，富土人怕朱皇帝根据这个地名，误以为这里的居民全是富人，不分青红皂白把他们“一锅端”地赶到穷乡僻壤去，赶紧将“富”字一拆为二，上为“同”，下面的“田”装在“土”字上，是为“里”，“富土”改名“同里”，沿用至今。那个“富”字上的一点没有了，同里人也有说法：这个“点”在最上头，太露眼，现在把它藏起来，叫作“财不露白”，苏州人就是这样讲究。

朱元璋恨富人，也就恨奢侈靡费之事。“历览前贤国与家，成由勤俭败由奢”，唐李商隐《咏史》里的这两句话，朱元璋十分赞赏。虽然他住的是巍峨宫阙，吃的是山珍海味，拥有三宫六院七十二妃，但他认为自己不是贪图享乐，而是为了天子的脸面。皇上是例外，臣子可得受约束，必须节俭，余继登《典故记闻》中有他训诫臣子的话："勤俭为治身之本，奢侈为丧家之源。近闻尔等耽嗜于酒，一醉之费，不知其几，以有限之资，供无厌之费，岁月滋久，岂得不乏？且男不知耕，女不知织，而饮食衣服，必欲奢侈。夫习奢不已，入俭良难，非保家之道。自今宜量入为出，裁省妄费，宁使有余，毋令不足。"

这段话将衣服奢靡也归入整肃的范畴，那么，华衣丽裳和它的原材料丝绸是否也该被取缔呢？前文我们提到学界通常认为朱元璋强硬推行种棉织布，他的意图是否是要用棉布替代丝绸，让全社会都穿价格相对便宜的布衣呢？事情没有这么简单，在对待丝绸及其制成品上，朱元璋倒是网开一面的。

"开门七件事，油盐柴米酱醋茶。"这七件日常生活必需品，都是要花钱买的。每家的户主都知道务必把这七件事料理好，否则，就会像元杨景贤《刘行首》所讥嘲的那样："教你当家不当家，及至当家乱如麻。"明唐伯虎《除夕口占》则以自嘲的口吻，讲了无钱购买生活必需品的窘状："柴米油盐酱醋茶，般般都在别人家。"家庭如此，国家亦如此，作为一个王朝的"大家长"，朱元璋当然掂得出财政的分量，倘若国库空虚，大明势必也会"乱如麻"。他辛辛苦苦打下的江山，怎么舍得让它乱呢？

那就需要增加财政收入。

增加财政收入，说起来容易，做起来难。元末爆发红巾军起义，天下大乱，四方争战，社会遭到严重破坏，留给明朝的是一副烂摊子。朱元璋面临着山河凋敝、百废待兴的局面。抚民安邦要钱，整修水利要钱，官吏衙署要钱，将领士卒要钱，事事都要钱，处处都要钱，钱向谁要，钱从何出？

朱元璋首先想到的是田赋。朱元璋从小尝够了挨饿的滋味，他的父母和长兄先后饿死，他对饥饿有着刻骨铭心的记忆，当皇帝后，他特别重视农业，希望人人吃饱肚子，这是朱元璋值得称道的一面。在朱元璋的努力下，明初修筑陂渠、堤岸5000多处，疏浚河道4100多条，开掘堰塘4.09万多处，耕地面积比之前扩大了4倍。朱元璋的理想是让全国成为一个大农场，子民都从事农业生产，国家有吃不完的粮食。所以，一想到财政，马上就想到田赋，对朱元璋而言，十分自然，一点也不奇怪。

自唐宋以来，江南田赋便受国之倚重，而苏州田赋又是江南之大户。可是，大明开国后，朱元璋对苏松一带的百姓征收重税，并大量迁徙这一地区的富民，当时全国税粮总计2900万石，苏州需要交290万石，占到全国的十分之一。松江在宋朝绍兴年间，税粮只有18万石，朱元璋一下子提到了98万石。松江征税虽不及苏州之半，但是松江的面积只有苏州的四分之一，因此，松江的赋税也是极其沉重的。苏松已无法再增田赋了，其他地区没有苏松富庶，也不能在田赋上加码，朱元璋想从田里多挖钱，没门。

他只能把希望寄托于丝、棉。苏松在纳税上背着那么重的负担，仅靠种粮是无法支撑的，只有用其他物产代替，这就使得朱元璋必须促进苏松纺织业的发展。元代，苏州作为全国蚕桑丝绸中心，其地位得到了进一步巩固，松江则大力发展棉纺业，“上供赋税，下给俯仰”，形成了松江棉制品“衣被天下”的局面。苏州的丝、松江的棉，就是朱元璋手里的两台印钞机，他是不会砸掉的。非但不砸，还要把苏松当母鸡养，养大了替他下金蛋。朱元璋虽然不懂经济，他制定的经济政策也大多是拍脑袋的产物，如他曾亲自拟旨，改征实物税，各地应缴税赋均折成粮食和布匹，不经仓储，直接调拨给军队及其家庭，官员俸禄也一律代以实物。这条律令弊端百出，最后搞得一团糟，但是，朱元璋很现实，例如对待苏松的纺织，他就采取了非常现实的态度。尽管他不喜欢商人，甚至讨厌、鄙视、抑制、打击商人，而且知道丝绸交易带来商业繁荣的同时也会使商人膨胀，但他依旧容忍、维护乃至扶持、鼓励蚕桑丝绸生产，将苏松当“样板田”来经营，将得出的经验推向全国。

朱元璋树这块样板，是有基础的。元代棉花种植技术从南到北，从东往西，被迅速推广至全国，不少传统的蚕桑产区纷纷改植棉花，导致了蚕桑丝绸生产的萎缩，突出的例子是齐鲁一带曾长时期独占蚕桑丝绸产量鳌头，但随着棉花的推广与普及，当地的蚕桑丝绸业一蹶不振。元之前，几次大战乱已使经济重心南移，蚕桑丝绸业不断地向江南发展，经过元朝大规模的弃桑植棉，北方的蚕桑丝绸业可说是萧条凋敝，这就进一步促进了江南蚕桑丝绸业中心地位的形成。江南地处太湖流域，地形低洼，土壤湿粘，十分有利于种桑而不利于植棉，加上种桑养蚕收益高于稻米，也促使了当地农户选择种桑养蚕这一谋生途径。在苏州，“田地”一词是分开解释的，种粮的称“田”，植桑的称“地”。明初出现了田降地升、田地面积互为消长的现象，男女老少，“桑柘遍野，无人不习蚕”，蚕桑业在苏州经济中举足轻重，大有可观。苏州以及整个太湖周边地区桑蚕业的发展，极大地促使了本地丝绸生产的繁荣和技术的进步，使苏州的丝绸织造业发展成为明代手工生产业的主要行业。

“在蚕桑丝绸生产和发展的过程中，协作化和专业化不断地向该行业渗透，加剧了丝绸产品商品化和货币化的发展。据记载，当时的发展不仅仅把桑蚕丝和真丝绸缎作为了商品，甚至发展到桑秧、桑叶、蚕种和蚕宝宝都成为商品，均可在固定的市场上进行交易。苏州不仅是丝绸生产的中心，同时也是丝绸贸易和集散的中心。与‘东北半城，比户习织，其专业者不啻万家’的丝绸生产盛况相对应，在苏州的城西则是‘四方商贾，群至此间，比户贸易’的另一番景象。各地客商纷纷在苏州开商铺，办商行，南来北往，经销丝绸商品。为了往来苏州贸易的便利，又想方设法在城内购地选址，建立自己的会馆，以适应来苏经商和贸易的流动人口日众的需求。”

“（明代）官府织造的技术不断地向民间以及广大的乡镇和农村辐射，有力地促进了苏州城乡间技术的大交流和城乡经济的大发展，使民间丝绸业的技术水平迅速提高，丝绸业成为苏州城市发展的基础和依托，苏州也赢得了‘丝绸之府’的美誉。同时，城乡丝绸生产和交换不断发展和扩大，也加速了自给自足自然经济的瓦解，在简单协作性作坊生产的基础上，出现了雇用和被雇用的生产关系，在各种商品形成各种市场的基础上，最后将劳动力也推向了市场，因而孕育了资本主义生产方式的出现。苏州的传统丝绸业等手工行业中，新的劳资关系的不断确立和完善，最终使苏州出现了资本主义的萌芽。”（《苏州文化概论》，苏简亚、张澄国主编）

朱元璋最不愿意看到的商贸活动活跃、市场经济繁荣、手工业队伍壮大等景象，都在他的眼皮底下一一出现了，他也只能接受了。所有这些变革，都是丝绸带动的，丝绸是撬动明代经济的杠杆。现实利益摆在眼前，朱元璋心中的那架天平，不由得向蚕桑丝绸倾斜，据《明史》记载，朱元璋规定官吏的考核须上报农桑的治绩，违反者降职；农户有田5亩到10亩的，必须栽种桑、麻、棉花各半亩，10亩以上的加倍，田多的则按比递增，这些政策有助于丝绸生产的发展。明洪武五年（1372），也就是他开创大明王朝的第五年，西藏使者来南京朝贡，朱元璋赐以精致的丝绸长袍，《明史·西域传》：“洪武初，太祖惩唐世吐蕃之乱，思制御之。惟因其俗尚，用僧徒化导为善，乃遣使广行招谕。又遣陕西行省员外郎许允德使其地，令举元故官赴京授职。于是乌斯藏（西藏）摄帝师喃加巴藏卜先遣使朝贡，五年十二月至京。帝喜，赐红绮禅衣及鞋帽钱物。”

皇帝对地方政府的恩赐，目的是要显示中央的强大和繁荣，这件红绮禅衣，说明朱元璋对“丝绸促进繁荣”这个现实，已经从勉强接受转变到了自觉接受。

这种转变，实质是妥协。杀伐决断于一瞬之间的铁腕皇帝明太祖朱元璋，碰到丝绸，也罕见地妥协了，丝绸的实力真是不可小觑。

郑和下西洋和苏州织染局

织罢冰绡进御归，鲛人水国暂停机。
自怜不及吴蚕老，一吐新丝上衮衣。

郑和(1371—1433),云南昆阳州人,是曾任云南行省平章政事的元代名臣赛典赤·瞻思丁的六世孙,明洪武十四年(1381)为明军进攻云南时所掳,被阉入宫为小太监,14岁时被派往朱棣的燕王府。朱棣发动“靖难之役”,郑和立下战功,被朱棣视为心腹。朱棣夺得皇位的次年,即永乐二年(1404),升郑和为内官监太监。再一年,永乐皇帝朱棣授予郑和“钦差总兵太监”衔,率官兵2.7万余人,驾乘长44丈、宽18丈大船63艘,出使西洋。自此28年之久,郑和七下西洋,积劳成疾,于宣德八年(1433)归国途中,病逝在古里(今印度卡利卡特),终年62岁。这是郑和,也是明代的最后一次远航。有学者认为,郑和骨灰葬于南京弘觉寺地宫,今南京牛首山郑和墓被列为江苏省重点文物保护单位。

郑和下西洋有着明确的政治目的。明朝建立后,陆海两方面都面临严重的安全隐患，北方的蒙元残余势力和帖木儿帝国还很强大，时时企图卷土重来；东南亚两个最大的国家爪哇、暹罗对外扩张，欺压周边一些国家，杀害明朝使臣，拦截向中国朝贡的使团；元末出现的倭寇及海盗横行东海、南海，十分猖獗。朱元璋时期国内还不稳定，当务之急是集中精力安内，所以，对北患采取消极被动的防御战略，对南洋局势只能视而不见，无所作为。朱棣即位后，需要树立威望以服众，便将消除外患选做第一要务，主动出击，先发制人。一方面，迁都北京，亲征漠北；另一方面，组建郑和舟师，震慑和打击倭寇和反明势力，调解各国间的矛盾，平息冲突，消除隔阂，维护东南亚、南亚地区的稳定和海上安全，提高大明的声望。

据《明史·郑和传》记载，郑和出使过占城、爪哇、真腊、旧港、暹罗、古里、满剌加、渤泥、苏门答剌、阿鲁、柯枝、大葛兰、小葛兰、西洋琐里、琐里、加异勒、阿拨把丹、南巫里、甘把里、锡兰山、喃渤利、彭亨、急兰丹、忽鲁谟斯、比剌、溜山、孙剌、木骨都束、麻林、剌撒、祖法儿、沙里湾泥、竹步、榜葛剌、天方、黎伐、那孤儿，"凡三十余国"。郑和七次奉旨率船队远航西洋，航线从西太平洋穿越印度洋，直达西亚和非洲东岸，在世界航海史上开辟了贯通太平洋西部与印度洋等大洋的直达航线。郑和下西洋比哥伦布发现美洲大陆早87年，比达·伽马探索通往印度的航程早92年，比麦哲伦率船队环球航行早114年。当代美国学者路易斯·丽瓦塞斯评说："郑和船队在中国和世界历史上是一支举世无双的舰队，直到第一次世界大战之前,是没有可以与之相匹敌的。”

郑和率领的船队,除了“耀兵异域,示中国富强”(《明史·郑和传》)这一政治目的外,也担负着贸易和文化交往的使命。这倒是符合当年开辟海上丝绸之路的初衷的。我们在前文说过,春秋吴国已开辟海外航线,这可看作海上丝绸之路的发端。虽然“海上丝绸之路”这个名词是20世纪法国汉学家沙畹正式提出的,但事实上,海上丝绸之路早已存在。秦汉时,海上丝绸之路大致形成,《汉书·地理志》所载的海上交通路线,实为早期的“海上丝绸之路”,当时海船载运的货物以“杂缯”(即各种丝绸)为大宗;唐宋时海上丝绸之路很兴盛,是当时世界上最长的远洋航线,唐代的“广州通海夷道”,是海上丝绸之路当时的叫法;明代的郑和下西洋,标志着海上丝绸之路发展到了极盛时期。海上丝绸之路分为东海航线和南海航线两条线路,以南海为主线路。由于战乱及经济重心转移等原因,海上丝绸之路渐渐取代陆上丝绸之路,至郑和下西洋,海上丝绸之路成了中外贸易交流的主通道。

郑和下西洋和前代通过海上通道进行贸易一样,出口货物以丝绸、瓷器、茶叶等为主,进口货物主要是宝石、香料等。虽然自唐宋以来,海上丝绸之路上瓷器、茶叶的比例不断增大,但丝绸始终是主角。郑和每次出航,都要带大量丝绸,这不是个问题,因为他的出发地就是丝绸中心,近水楼台,采办方便。郑和第一次出海,率领浩浩荡荡的船队从南京出发,在江苏太仓的刘家港(今浏河镇)集结,至福州闽江口五虎门内长乐太平港驻泊，伺风开船，以后六次下西洋，郑和船队也都以刘家港为基地。太仓隶属苏州，苏州有的是丝绸，每年的生产量，如果不用船载，而是一匹匹挨着排列，从刘家港排到木骨都束，绰绰有余。借海上丝绸之路运输丝绸的，不光是郑和的庞大船队和民间商船，还有外商的货船，“葡萄牙人最乐于装船的大宗商品莫过于中国丝绸了。住在菲律宾的西班牙人也把中国丝绸装上他们的商船，出口到新西班牙和世界的其他地方”（《利玛窦中国札记》）。可想而知，明永乐年间外贸的丝绸出口量有多么惊人！

丝绸产量在这时期的与日俱增，和朱棣的治国理念有直接关系。

朱棣的性格酷肖他的老子朱元璋，都很残忍。朱元璋腰斩元末明初大才子高启，朱棣灭方孝孺十族，都是骇人听闻的事件，震惊海内，人人谈之色变。然而，朱棣与朱元璋在治国理念上有很大区别，朱棣的年号为“永乐”，俨然要让臣民永远快乐。朱棣深知自己的皇位来路不正，天下不服，他必须让大家过上好日子，方能换来臣民对他的政权的认可。既然是快乐，就要吃得好，穿得好，丝绸衣裳正是穿得好的体现。朱棣对亲贵、重臣、外夷多有厚赐，赏赐又以高档丝绸为多，如赏中亚前来朝贡的24个使团生丝和薄纱，其中一个贡使竟一次得到了40件织金丝绸衣服；受邀来京的第五世黑帽噶玛巴转世灵童，与蒙古可汗有紧密联系的萨迦派领袖，都被赐予厚礼和丝绸；新崛起的格鲁派领袖宗喀巴也受到了邀请，他派遣自己的弟子替代前往，朱棣同样热情款待，馈赠这位弟子金银器皿与丝绸，并让他带回一份给宗喀巴。这类特赐恩施，目的是笼络臣下、安抚外夷、维护王朝稳定，同时，也是在鼓励高档丝绸服饰的生产和消费。

朱棣还身体力行，亲为表率，衣非绸不穿，袍非缎不着；内宫颠覆朱元璋尚俭多用棉布的先例，改为后妃之衣皆锦簇绣缀，宫女也概穿绫罗；直属他的锦衣卫，人人一袭红锦大氅，驰骑通衢，如火球滚动，分外惹人注目，犹如活广告，告以锦缎丝帛之华美，绫罗绸缎之富贵。"吴王好剑客,百姓多创瘢；楚王好细腰，宫中多饿死"，皇上的偏好，影响了社会风气，达官贵人、富商大贾都开始效仿，连庶民百姓也积铢攒钱，总要置件绸衣才甘心。因丝绸增产，丝质衣料价格有所下调，普通人也买得起了，丝绸不像以前那样高不可攀，令庶民只能望绸兴叹。"倡优下贱以绫缎为裤，市井光棍以锦绣缘袜，工匠斯役之人任意制造，殊不畏惮"（明周玺《垂光集》）。《利玛窦中国札记》有云："我也毫不怀疑，这就是被称为丝绸之国的国度，因为在远东除了中国外没有任何地方那么富产丝绸，以至不仅那个国度的居民无论贫富都穿丝着绸。"利玛窦，这个来自意大利的传教士，和元代的马可·波罗说了同样意思的话，都说中国平民也穿丝绸衣服，不过，马可·波罗的话是美化，利玛窦说的是事实。

行文至此，有个小人物要走进我们的书里了。这个小人物名叫秦重，这个名字有点谐音的味道，暗示这是个重情的小伙子。秦重重情于谁呢？美娘。美娘是青楼女，才貌双绝，声名远扬，有“花魁娘子”的美誉，要同她喝盅茶、听她唱支曲的有钱有势人物，都得预约登记，留宿就更不消说了，“每晚白银十两，兀自你争我夺”。秦重是个卖油郎，却因偶尔窥见金漆篱门、朱栏修竹后面影影绰绰的“容貌娇丽、体态轻盈”的美娘，居然产生了非分之想：无论如何也要与这位“花魁”过上一宿。

一夜十两纹银！一个“小经纪的”，一担油能赚几文小钱，竟然如此不自量力，要吃天鹅肉。秦重并不知难而退，他一日日、一月月，攒了大半年，攒到了十两银子，去找鸨母说要买美娘一晚春宵。鸨母嫌他是卖油的，态度不冷不热，不像对那些公子哥儿那样满面谄笑，百般殷勤。秦重并不计较鸨母的势利，一味说好话，央求鸨母，最后，鸨母还是看在银子的份上，答应了他，让他等上几天。鸨母对秦重说：“老身已替你排下计策，只看你缘法如何。做得成，不要喜；做不成，不要怪。美儿昨日在李学士家陪酒，还未曾回；今日是黄衙内约下游湖；明日是张山人一班清客，邀他做诗社；后日是韩尚书的公子，数日前送下东道在这里。你且到大后日来看。还有句话，这几日你且不要来我家卖油，预先留下个体面。又有句话，你穿着一身的布衣布裳，不像个上等嫖客，再来时，换件绸缎衣服，教这些丫鬟们认不出你是秦小官，老娘也好与你装谎。”秦重答应下来，到“典铺”里买了一件绸衣，静待好日。

秦重终于进了美娘的房间，兴奋得不得了。因美娘在外陪酒未归，他独自在房里等待，倒也没有怨言。耐心等了小半夜，好不容易将美娘等了回来，她却在外面应酬时喝得酩酊大醉了，回到房里倒头便睡。“秦重看美娘时，面对里床，睡得正熟，把锦被压于身下。秦重想酒醉之人，必然怕冷，又不敢惊醒他。忽见栏杆上又放着一床大红丝的锦被，轻轻的取下，盖在美娘身上。把银灯挑得亮亮的，取了这壶热茶，脱鞋上床，捱在美娘身边，左手抱着茶壶在怀，右手搭在美娘身上，眼也不敢闭一闭。”秦重花了十两银子，目的是要和美娘有肌肤之亲的，但见到美娘这个样子，他心疼她，不想不管三七二十一满足自己欲望，这个秦重还是挺忠厚的。

半夜美娘呕吐，秦重用袖管接她的呕吐之物，又斟茶喂她，伺候了她一夜。天亮了，美娘醒来，知道了夜晚的一切，对秦重怀有歉意，觉得“难得这好人，又忠厚，又老实，又且知情识趣。可惜是市井之辈，若是衣冠子弟，情愿委身事之”。美娘回赠秦重二十两银子，秦重坚不肯受。美娘说：“这些须酬你一宵之情，休得固逊。若本钱缺少，异日还有助你之处。”秦重摇手道：“小可仰慕花魁娘子，在傍多站一刻，也是好的。”他卷起龌龊的衣裳走了，秦重在美娘心中留下了美好的印象。

不久，美娘碰到了一个“摧花恶煞”吴八公子，因美娘不愿乖乖地供他恣意淫乐，他用一顶小轿将她抬到荒滩，扒掉了她一双绣鞋，丢她在那儿，存心折磨她。天色已晚，美娘孤身一人，需光脚徒步数里方能到家，对于成名以后锦衣玉食惯了的花魁女，这比登天还难。美娘心想：“自己才貌两全，只为落于风尘，受此轻贱。平昔枉自结识许多王孙贵客，急切用他不着。”越想越伤心，无计可施，只得嘤嘤哭泣，自叹命苦。

这时来了个护花使者，不是别人，恰是秦重。秦重正好在附近祭扫，祭扫完毕准备归家，早不归，晚不归，偏偏在美娘最需要救助的时候路过此地。秦重“闻得哭声，上前看时，虽然蓬头垢面，那玉貌花容，从来无两，如何不认得？吃了一惊，道：‘花魁娘子，如何这般模样？’美娘哀哭之际，听得声音厮熟，止啼而看，原来正是知情识趣的秦小官！美娘当此之际，如见亲人，不觉倾心吐胆，告诉他一番。”秦重听后十分痛惜，亦为之流泪。“袖中带得有白绫汗巾一条，约有五尺多长，取出劈半扯开，奉与美娘裹脚，亲手与他拭泪。又与他挽起青丝，再三把好言宽解。等待美娘哭定，忙去唤个暖轿，请美娘坐了，自己步送”，将她护送回家。“英雄救美”之后的情节，大家可以料到，美娘自己拿钱赎身，与秦重做了夫妻。

这个故事，收录在冯梦龙“三言”之一的《醒世恒言》中，题为《卖油郎独占花魁》。冯梦龙说这个故事发生的时间是南宋，但这个故事的背景明显属于明代，冯梦龙借宋代之瓶，装明代社会风尚之酒，这是古代作家惯常的障眼法。我们在被故事情节吸引之时，莫疏忽了秦重买的一件绸衣，而且这件绸衣笼了一袖管呕吐之物，他也并未表现出丝毫懊恼、心疼，由此可以推断，丝绸衣服在明代平民眼里已不属于珍贵得了不得的东西了。再有那一条白绫汗巾，秦重随身带着，用来擦汗的，说撕就撕了，撕开做裹脚布，绫罗绸缎在明代真有点像

“昔日王谢堂上燕，飞入寻常百姓家”的感觉了。

冯梦龙“三言”中，提到丝绸的不止一篇《卖油郎独占花魁》，如《施润泽滩阙遇友》写嘉靖年间苏州吴江盛泽镇有个施复，夫妇俩有一张织机，养几筐蚕，缫丝织绸，足以温饱。由于技术好，他们织的绸光彩润泽，商人争相加价收购，施复夫妇赚了许多银子。几年之后，他们增买了三四张织机。不到十年，积累了几千金，又买了两三所大房子和三四十张织机，雇人织绸，摇身一变，从个体户变成了企业主。明代其他小说也和丝绸“纠缠不清”，如《金瓶梅》，主人公西门庆就是开绸缎铺起家的，丝绸品名、丝绸贸易几乎布满了全书每一回。《金瓶梅》第四十回写到西门庆为家眷裁制衣服，仅大老婆月娘一人就有“一件大红遍地锦五彩妆花通袖袄，兽朝麒麟补子缎袍儿；一件玄色五彩金遍边葫芦样鸾凤穿花罗袍；一套大红缎子遍地金通麒麟补子袄儿，翠蓝宽拖遍地金裙；一套沉香色妆花补子遍地锦罗袄儿，大红金枝绿叶百花拖泥裙。其余李娇儿、孟玉楼、潘金莲、李瓶儿四个都裁了一件大红五彩通袖妆花锦鸡缎子袍儿，两套妆花罗缎衣服”。春梅做丫鬟时，“头戴银丝云髻儿，白线挑衫儿，桃红裙子，蓝纱比甲儿”，仆妇宋惠莲则是“一套绿闪红缎子对衿衫儿、白挑线裙子”。娼妓吴银儿“头上戴着白绉纱鬏髻、珠子箍儿、翠云钿儿，周围撇一溜小簪儿。上穿白绫对衿袄儿，妆花眉子，下着纱绿潞绸裙，羊皮金磙边。脚上墨青素缎鞋儿”。爱月儿“上着烟里火回纹锦对衿袄儿、鹅黄杭绢点翠缕金裙、妆花膝裤、大红凤嘴鞋儿，灯下海獭卧兔儿”。招宣府林太太“头上戴着金丝翠叶冠儿，身穿白绫宽绸袄儿，沉香色遍地金妆花缎子鹤氅，大红宫锦宽襴裙子，老鹳白绫高底鞋儿”。从这些服饰，可知明代丝绸已普遍化了。

明初为了加强丝织生产，设立了专门机构。明代苏州织染局在天心桥东、察院场南，即今北局一带。嘉靖二十六年（1547），文徵明《重修苏州织染局记》写道："岁造常课纻丝一千五百三十四，遇闰月该造一千六百七十三匹。……现在各色人匠，计六百七十名，每名月给食粮四斗。……局之基址，共计房屋二百四十五间，内织作八十七间，分为前、后、中、东、西六堂，又大堂两傍东西厢房等处。机杼共计一百七十三张，掉络作二十三间，染作一十四间，打线作七十二间，大堂并库厨府局二厅等房五十间。后有避火园池、真武殿、土地堂、碑亭各一座，古井二口。墙堵四立，俱在大堂之左。外局衙二，在局东官街巷。”

官办织造机构，由来已久，单说苏州，就有吴国的“织里”，南宋的“织锦院”，元朝的“织造局”，但从建制上讲，基本完善的是明代的织染局。而且，明代苏州织染局，无论定义，还是规制，都是清代苏州织造府的前身。就像一阕词，明代织染局是上片，清代织造府是下片；又如一部戏，明代织染局是上半场，清代织造府是下半场。

西周　辫子股刺绣印痕，现藏宝鸡市博物馆

战国　龙凤虎纹刺绣，现藏荆州博物馆

西汉　乘云绣

东汉　刺绣云纹粉袋，现藏新疆维吾尔自治区博物馆

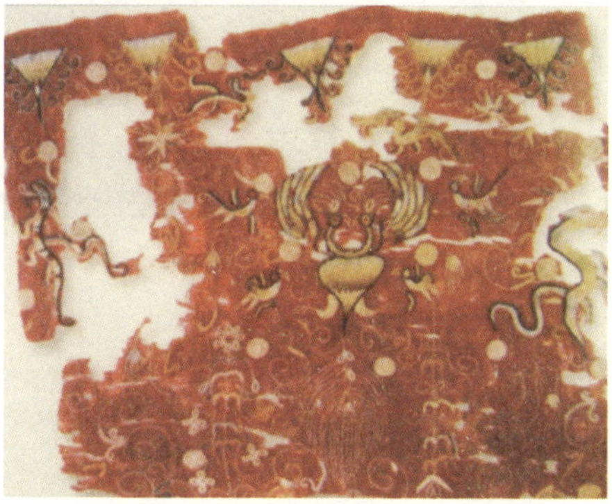

南北朝　红绢刺绣神鸟纹，现藏新疆维吾尔自治区博物馆

唐　百衲袈裟，现藏大英博物馆

左 1: 宋　《纱绣伦叙图》，现藏台北故宫博物院
左 2: 明　顾绣代表作《竹林七贤图》
右图: 清　乾隆年间《九阳消寒图》，采用缂绣混色法制成

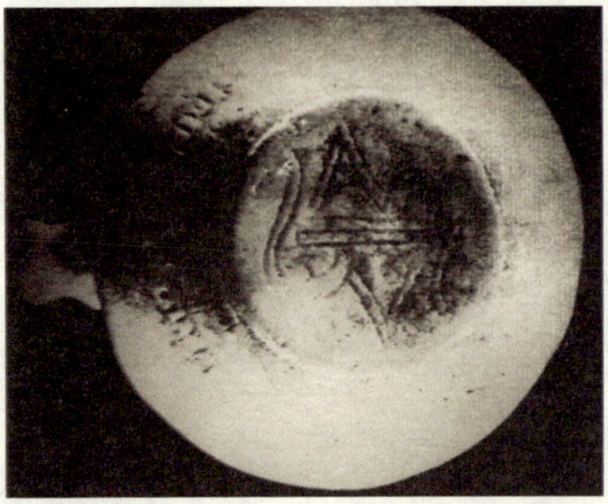

刻有蚕纹图案的陶罐，苏州吴江梅堰遗址出土

十三世纪的莲池水禽纹缂丝，这块织物属于中亚或中国北方，现藏美国大都会博物馆

元　凤穿牡丹纹裙，1964 年张士诚母曹氏墓出土，现藏苏州博物馆

明代缎料，苏州郭巷出土

清　四合如意纹锦残片，现藏苏州博物馆

民国初年丝绸面料

宋　缂丝《蟠桃图》轴，现藏台北故宫博物院

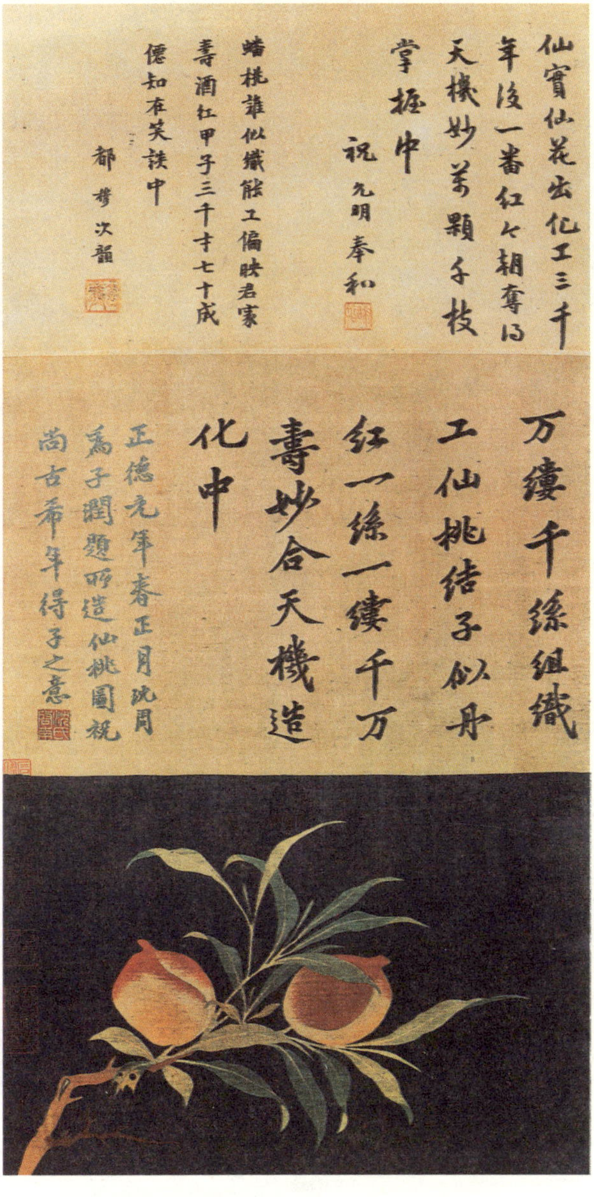

明　缂丝《仙桃图》轴，现藏台北故宫博物院

左图:《康熙南巡图》中的苏州织造府　清　王翚绘
右上: 江南织造公文　右下: 江宁织造公文
历史上,关于江南三织造的名称,在不同的时期有不同的名称,或为“织造府”,或为“织造局”,或为“织造署”,又有将“江宁织造”改为“江南织造”者,均指当时政府在南京、苏州、杭州三地区设立的具有“官机执照”的官办机构

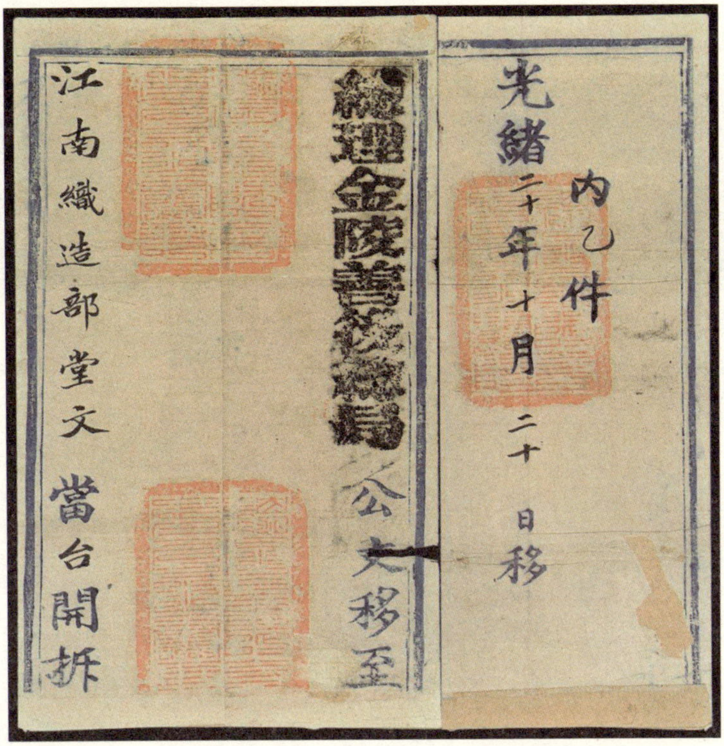
光緒二十年十月二十日移
內乙件
總理金陵善後總局
公文移至
江南織造部堂文
當台開拆

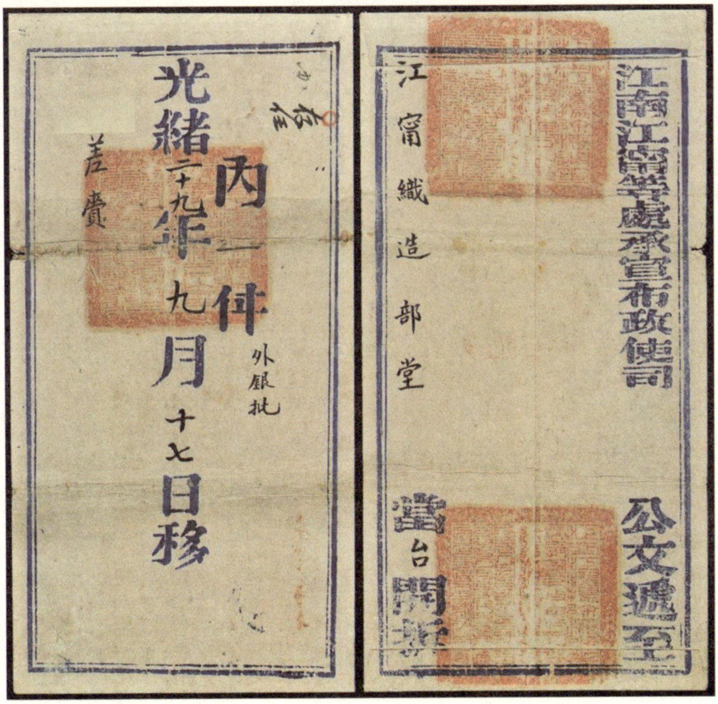
江南江甯等處承宣布政使司
公文遞至
江甯織造部堂
當台開拆
內一件
外眼批
光緒二十九年九月十七日移
差賚

沉香地锦重莲蔓草纹氅，苏州织造局贡品，成衣于清乾隆年间

红地锦团菱龙寿字蔓草纹男帔，苏州织造局贡品，成衣于清乾隆年间

江南织造出品织物

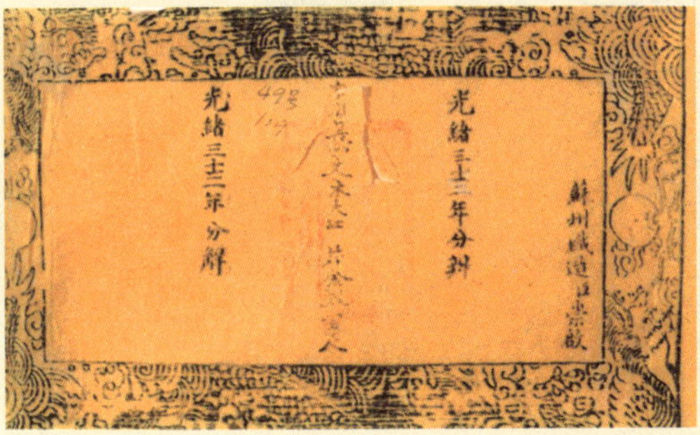

苏州织造贡皇室织锦缎票据

苏州织造贡皇室织锦缎

清朝皇帝龙袍 龙袍为至尊之服，制作之精细、做工之考察考究、过程之繁复、费用之浩大，都是常人难以想象的。皇室所用龙袍有相当一部分出自苏州织造府

上图：苏州织造署旧址位于十全街，今为苏州市第十中学
下图：苏州丝绸博物馆内仿造的苏州织造署门楼

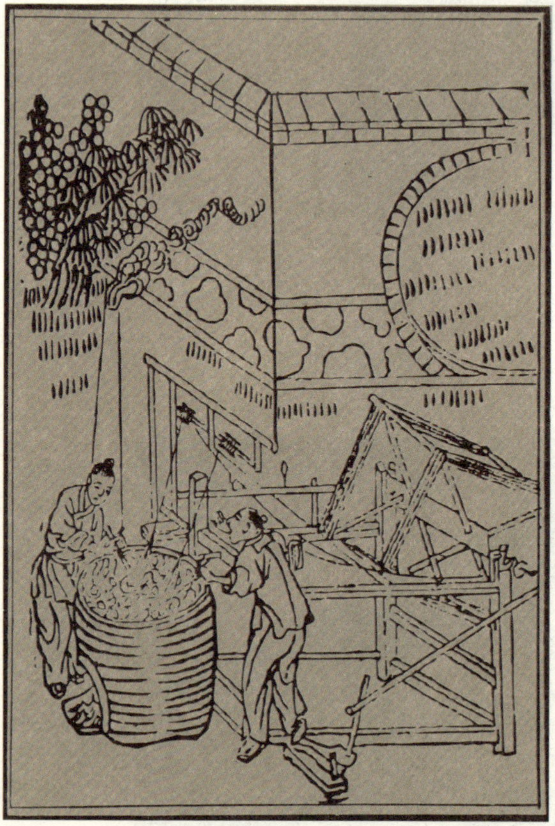

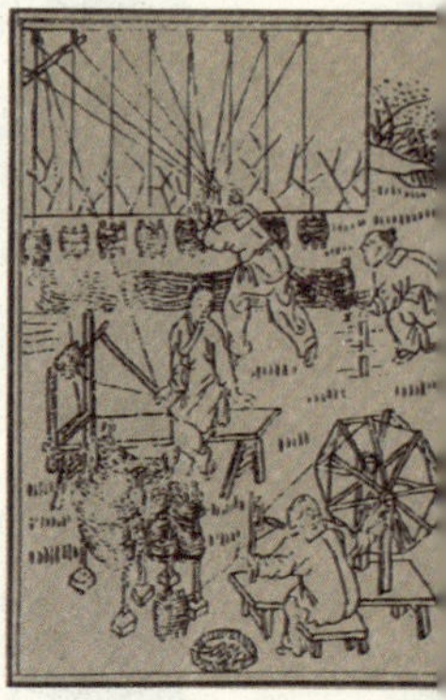

古代织造工序图，选自清刊本《蚕桑萃编》。展示了缫丝、束捆、纺络、染色、织绸、攀花、成绵的织造过程

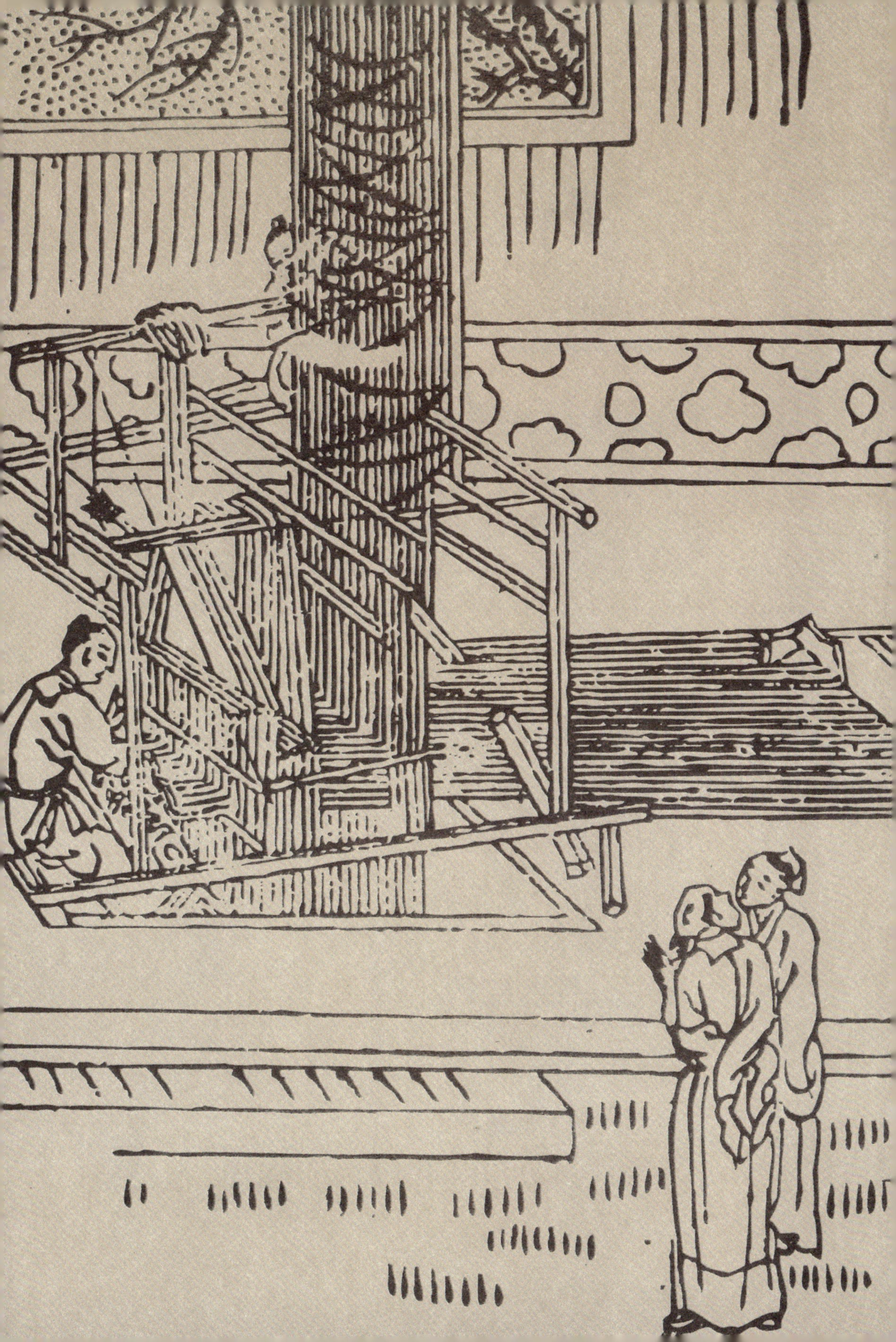

上图：《唐人倦绣图》中，三人围坐绣案旁，一人持线，另二人困倦小憩
下图：清版画《妙手灵心》

苏州是最适宜植桑的地区，苏州农村几乎家家养蚕。拜蚕神在苏州农村是十分重要的一项民俗。苏州蚕农多数供蚕花娘娘，即马头娘。马头娘的形象是一个骑马的村姑。这一形象常出现在《蚕花茂盛》洋画上，而关于《蚕花茂盛》的年画品种在苏州也异常丰富

左图：沈寿像
右图：沈寿绣品在都朗万国博览赛会获奖的奖状

江苏省立女子蚕业学校旧影

织工登上了历史舞台

千人奋挺出，万人夹道看。斩尔木，揭尔竿，随我来，杀税官！

《苏州织造局志》载："明洪武元年建织造局，于天心桥东，着地方官督造。永乐间，遣奉御簾月太监阮礼督苏杭织造，差遣内使自此始。"这个阮礼，如果不出现在这部志中，谁也不知道历史上曾有这么一个人，但是，他虽然除了姓名，其他什么资料也未留下，却有着标志性的意义，即宦官干政取得了合法性。

朱元璋立国之初，鉴于秦末、东汉、唐中晚期都发生过宦官乱政的教训，对太监管得很严，规定宦官不许识字，不许兼任外臣，任职不许超过四品，并在宫门外立一铁牌，上书"内臣（宦官）不得干预政事，预者斩"（《明史·宦官传》）。朱棣发动靖难之役，从侄子建文帝朱允炆手中夺取了皇位，宦官在其中起到不小的作用，因而他对宦官多有任用，宦官的地位也因此有所提高。督管织造局是个肥差，朱棣派个太监去任职，显然有犒赏的意思。朱棣如果仅是让亲信太监去捞点油水也就罢了，他还让太监去担任更重要的职务，据《明史·宦官传》记载："盖明世宦官出使、专征、监军、分镇、刺臣民隐事诸大权，皆自永乐间始。"不过，我们也要公正地说，朱棣委任太监，还是量才录用、严加约束的，史书上并未见到他派任外差的太监胡作非为的记录，相反，大有作为者倒是有的，最突出的是郑和，七下西洋，建了不世之功。只是朱棣绝对不曾想到，因为他开了内侍外用的先例，为后来的大明种下了祸根。永乐以后，太监参与政事、担任要职有"成祖之规"可循，朝臣无法反对，这现象愈演愈烈，到了明朝第六位皇帝英宗时，终于酿成了王振专权之祸。

明正统十四年（1449）六月，蒙古瓦剌部来犯，宦官王振怂恿好大喜功的英宗朱祁镇御驾亲征，出征途中，军政事务皆由王振专断，行军路线因王振的随心所欲屡次改变，搞得将士疲惫不堪，士气一落千丈。兵部尚书邝埜看在眼里，急在心里，一再要求入居庸关休整，以保安全，但王振为了宣示权威，一再不准。大军到达土木堡时王振又瞎指挥，下令移营，造成更大混乱，人马失序，瓦剌军趁机进攻，明军仓促应战，最终全军覆没，兵部尚书邝埜、户部尚书王佐等66名大臣战死，英宗也当了俘虏，史称"土木堡之变"。

明朝后期的皇帝，好像脑子里都注了水，"土木堡之变"这么惨痛的教训，他们都不汲取，仍旧重用、依赖、放任太监，所以接连出现宪宗时期的汪直专权，武宗时期的刘瑾专权，直至熹宗时的魏忠贤专权。魏忠贤将明代宦官干政推到顶峰，魏忠贤专政也是中国历史上最典型的阉党祸国事例之一。

魏忠贤，北直隶肃宁（今河北沧州肃宁县）人，年轻时原是个无赖，因赌博输钱，走投无路，于万历晚期自阉进宫为太监，被拨到当时还是皇长孙的朱由校府邸当差。魏忠贤对朱由校极尽谄媚之能事，诱其宴游，甚得其欢心。他又勾搭上了朱由校的奶妈客氏，与她对食（太监宫女之间的婚配），因而和朱由校的关系更紧密了。朱由校登上大宝后，擢魏忠贤为司礼秉笔太监，兼提督宝和三店。魏忠贤自称“九千岁”，权倾朝野。他网罗党羽，结为“阉党”，与以江南士大夫为主的政治集团东林党人产生了激烈冲突。

东林党有一批正直高洁之士，无法容忍宦官擅权，纷纷上疏弹劾魏忠贤。为清除异己，魏忠贤命人伪造《东林党点将录》，呈天启帝作为东林党谋反的证据，构成大案，对朝中东林党人大肆迫害，东林党骨干杨涟、左光斗、魏大中、周朝瑞、袁化中、顾大章等人先后被捕遭杀。天启六年（1626），其党羽李永贞“伪为浙江太监李实奏”，在魏忠贤的授意下，弹劾高攀龙、周宗建、缪昌期、李应昇、周顺昌、黄尊素等东林党官员。魏忠贤还打着“奉旨清查逆党”的旗号，在全国搜捕曾弹劾、得罪过他的官员。

锦衣卫一队缇骑，受魏忠贤差遣飞驰苏州，抓捕周顺昌。周顺昌在朝堂上与魏忠贤对着干，致仕回乡后与阉党“代理人”对着干，这份骨气赢得苏州市民极大尊敬。周顺昌被抓的消息一传出，苏州机匠和商人就纷纷罢织罢市替周顺昌请命。以机匠和商人为核心的上万市民冒雨聚集于巡抚衙门，要求巡抚毛一鹭上奏朝廷，为周顺昌辩诬。毛一鹭本是阉党一员，岂肯答应这个要求，一旁的缇骑头目文之炳更是嚣张，厉声喝道："东厂抓人，哪容鼠辈多言，尔等速速散去！"市民一听，一齐鼓噪起来，喊道："原以为是皇上要抓周大人，谁知又是阉人的勾当，周大人更不能走了！"文之炳挥棍就打，周顺昌的轿夫周文元上前夺棍，被打破了额头，血流满面。本就群情激愤的场合，一见血，就像一粒火星溅到了火药桶上，市民的愤怒爆炸了，颜佩韦、马杰、杨念如、沈扬等与缇骑扭打，数不清的市民也一拥而上，一名缇骑当场被雨伞、钉靴打死，另一名爬到梁上躲藏，慌乱中跌下摔成重伤，毛一鹭吓得钻进茅厕，匿身粪坑，才逃过一顿胖揍。市民从牢中释出周顺昌，又到码头烧了准备押解周顺昌的官船，方才散去。

周顺昌毕竟是官场上呆过的人，知道市民聚众鼓噪、痛打缇骑，甚至当场打死一人的严重性。他不愿连累苏州市民，换上一身囚服，悄悄到吴县衙门投案，并被悄悄送往了京城，"下诏狱"，死于酷刑。周顺昌以为用自己一条命，可以换来乡亲父老的平安，他哪里知晓，魏忠贤打算以"吴民造反"为由，假传圣旨，调苏州附近驻军清剿。苏州知府寇慎、吴县知县陈文瑞怕此举会激起民变，局面变得不可收拾，联名上疏陈说利害，力主只惩办"首犯"，不及其余，朝廷总算同意所请，不动兵戎。颜佩韦、马杰、杨念如、沈扬、周文元挺身而出，到官衙自首，将责任揽在身上。随后，颜佩韦等五人被绑赴刑场，临刑前神态自若，谈笑就戮。被砍下的五颗首级悬在城上示众。有几位乡贤拿出五十两银子，买下了五个人的头颅，用匣子盛好，同他们的尸身合葬在一起。

《明史·周顺昌传》记下了这次事件："顺昌好为德于乡，有冤抑及郡中大利害，辄为所司陈说，以故士民德顺昌甚。及闻逮者至，众咸愤怒，号冤者塞道。至开读日，不期而集者数万人，咸执香为周吏部乞命。诸生文震亨、杨廷枢、王节、刘羽翰等前谒一鹭及巡按御史徐吉，请以民情上闻。旗尉厉声骂曰：'东厂逮人，鼠辈敢尔！'大呼：'囚安在？'手掷银铛于地，声琅然。众益愤，曰：'始吾以为天子命，乃东厂耶！'蜂拥大呼，势如山崩。旗尉东西窜，众纵横殴击，毙一人，余负重伤，逾垣走。一鹭、吉不能语。知府寇慎、知县陈文瑞素得民，曲为解谕，众始散。顺昌乃自诣吏，又三日北行。一鹭飞章告变，东厂刺事者言吴人尽反，谋断水道，劫漕舟，忠贤大惧。已而一鹭言缚得倡乱者颜佩韦、马杰、沈扬、杨念如、周文元等，乱已定，忠贤乃安。然自是缇骑不出国门矣。"

所谓"不出国门"，就是从此阉党特务慑于民众激烈对抗，有所忌惮，不敢离开京城到地方上随便抓人。颜佩韦等五义士捐躯后的翌年，天启帝朱由校嬉乐过度成疾，服"仙药"而死，其弟朱由检即位，是为崇祯帝。换了皇帝，魏忠贤倒台，苏州市民自发地于一夜间拆毁了毛一鹭建在山塘街的魏忠贤生祠，改为"五人之墓"，将颜佩韦等五人的遗骸迁葬到这里。

“五人义”事件，是中国历史上第一次大规模市民运动，在世界史上也是较早的市民风潮，其意义极其重大。苏州人是出名的“糯米团子”性格，怎么会有这样的大爆发呢？其实这颗抗争的种子，在25年前，也就是明万历二十九年（1601），就由葛成撒下了。而葛成领导的抗税斗争，斗争的主力也是织工。

苏州织造局由永乐帝开了头，太监督织遂为惯例，以后的明代皇帝都委任太监执掌这个机构。“洪熙（仁宗）间遣太监刘景、罗玉驻苏杭织造；宣德（宣宗）间遣内使陈源驻苏杭织造；正统（英宗）间王振专权，太监韦义督苏杭织造，民力告匮，杼轴皆空；天顺至成化（英宗复辟至宪宗），差内官来福、罗政等照旧督造苏杭；弘治（孝宗）十五年，内官龙绶请支盐价以给织造户部，奏盐课为边储抚荒大计，祖宗朝未尝轻用，从之；正德（武宗）间，频遣太监龚洪等督催织造，有司供给繁苦，民间大扰；嘉靖（世宗）间，遣太监吴勋等照旧督造苏杭；隆庆（穆宗）二年，命太监李佑督造苏杭；万历（神宗）二十五年，刑部侍郎吕坤疏陈织造之害，不报；二十九年，织造太监孙隆督税苏州，昆山县民葛成等殴毙委官，隆惧，驻杭州；四十三年，工部侍郎林如楚请循祖制，织造停遣内官，以甦东南民用；天启（熹宗）二年，苏杭织造太监李实疏奏松江知府张宗衡、苏州同知杨姜沠定物价，不行给发，遂夺俸。六年，苏杭织造太监李实诬劾直隶巡抚周起元、松江知府张宗衡、同知孙应昆，并劾御史黄尊素、周宗建、编修缪昌期、吏部周顺昌、都御史高攀龙为东林邪党，疏入，命除周宗建、缪昌期，已经逮解周起元等五人，解京完问，俱罹惨祸；崇祯（思宗）元年，械李实究问，织造停止。”（《苏州织造局志》）

明代苏州织染局的屋宇、机张，《苏州织造局志》列有清单："天字号（即东纻丝堂），机48张；地字号（即西纻丝堂），机24张；元字号（即纱堂），机42张；黄字号（即横罗堂），机24张；宇字号（即东后罗堂），机50张；宙字号（即西后罗堂），机25张；洪字号，机18张；荒字号，机18张；日字号，机18张；月字号，机18张；盈字号，机14张；昃字号，机18张；辰字号，机16张；宿字号，机10张；列字号，机8张；张字号，机21张；寒字号，机14张；来字号，机4张；库（今改化成书院）字号，机4张。以上一十九号，共花素机四百张，计匠一千一百七十名，设所官三员，高手等役领之。”

明代苏州织染局以官营的手工工场形式生产运行，其产品主要是上贡，用作皇室和朝廷的消费品，所以一般不参加市场交换，不计算产品价格，也无所谓成本核算，这对于国家财政而言，是个沉重负担。但问题还不止于此，随着皇室需求增加，织造任务剧增，而督织的宦官又以上供之名加派，并勾结地方豪绅，对机户和商户大肆盘剥，使社会矛盾不断激化，民怨越积越深。加派的任务，采取机户领织的方式完成，史籍多有记载："天顺四年，遣中官往苏、松、杭、嘉、湖五府，于常额外增造彩段七千匹。工部侍郎翁世资请减之，下锦衣狱，谪衡州知府。增造坐派于此始。""万历十五年六月丙寅，上曰：

‘财匮民穷，朕非不轸恤，但近来三宫岁用及赏赐等项不敷，织造委非得已。’”“（太监王敬）又令苏州府织彩妆五毒大红纱五百余匹，每匹直价银十五六两，止给银六两五钱。及其交纳，每匹反勒要机户解扛银五两，亏民数多，使之破家荡产，含冤莫诉。”至嘉靖、万历年间，领织更为普遍。“（嘉靖十四年）各省如金、衢、温、台、常、镇诸郡，不习挑织者，皆佣他处工匠，宜令诸郡征价，赴苏杭等处，机匠领织，官为督发。”“织造龙袍皆在官食粮织染局世役之官匠，织造岁改皆间阎编户府、州、县召募之民机。”“（万历十四年二月）壬辰，苏杭等处提督织造司礼监太监孙隆奏请，内帑袍服归并五府织染局四千匹数内，通令食粮额匠织造，则前项见行民匠可免雇募，而每岁工费可省数千余两。得旨，内帑银织造袍服每运三百匹，准并大运四千匹内派织解进。”如此无休止的领织，终于引发了以葛成为首的苏州丝织工匠反税监的斗争。

入明以来，自给自足的自然经济逐渐瓦解，资本主义经济开始萌芽，苏州产生了以机匠为主体的新的市民阶层，他们的出现，成为一支社会力量，使苏州的社会结构发生重大变化。由于广大机户长期受到官府的压榨，独立经营和自由发展的空间狭窄，出现对抗是必然的。明初，民间丝织业发展还较为薄弱，其力量还不足以与封建专制势力抗衡，但随着民间丝绸生产的持续扩大和贸易的日益繁盛，丝织机户、工匠登上了历史舞台。

葛成（1568—1630），昆山人，自小就在苏州当织工。明万历二十九年（1601），太监孙隆来到苏州，执掌织染局，他除了加大局内工匠工作量，强令织户领织外，还勾结地方官汤莘，私设税官，擅立关卡，强行增税，与劣绅黄建节、徐成等人垄断谋利。六月六日，黄建节踞守葑门，连卖瓜小贩也不放过，一个小贩入城时已用数瓜抵税，进城卖掉一担瓜买了四升米，出城时黄建节又要他以一升米抵税，小贩哭诉哀求，却遭到殴打。葛成路过此地，见此情形，呼喊一声，路边百姓一拥而上，黄建节被当场打死。苏州百姓对阉竖孙隆及其爪牙早已恨之入骨，就缺一个发泄口，正好拿黄建节做个出气筒，也是他作恶太多，活该有此报应。葛成见事已成，想起由于孙隆造孽，苏州已有不少织户不堪重负，被迫闭户停工，生活来源濒于断绝，便索性一不做，二不休，回到城里召集机工，发起抗税驱阉斗争。史料记载，葛成在玄妙观“手执蕉叶扇，一呼而千人响应”，“若狂三昼夜”，丝绸从业者冲进税官与劣绅家，搜其不义之财而焚之，并欲捉拿孙隆，孙隆吓得魂不附体，狼狈逃窜杭州，再也不敢回苏州。明代吴县诗人钦叔阳用他的《税官谣》记述了葛成的壮举，其一云：“四月水杀麦，五月水杀禾，茫茫阡陌殚为河。杀禾杀麦犹自可，更有税官来杀我。”其二云：“千人奋挺出，万人夹道看。斩尔木，揭尔竿，随我来，杀税官！”此诗第一首用排比句式，由自然灾害写起，直写到税官杀人，税官的凶残更甚于自然灾害。这是葛成领导抗税斗争的原因和背景。第二首则直接转入对斗争的描绘，语句简短、音韵铿锵，掷地有声。尤其后四句，皆为三字，一层高过一层，仿佛怒涛拍岸，有极大号召性。

我们还要特别提一下的是抗税织工队伍遵照葛成吩咐，所到之处，均能自律，恪守规矩，该烧的烧，该打的打，没一人私取一线一物，不伤及一名无辜。一般来说，一场大的风潮发生时，参与者成千上万，难免鱼龙混杂，混入少数不良之徒，这些人会趁乱抢劫，给当局的镇压提供理由。葛成领导的这场抗税风潮，持续数日，先后有数万人参与，竟未出现一个浑水摸鱼者，真不简单。

然而，朝廷不管你有无把柄留给他抓，仍要派兵镇压，四处搜捕为首之人。葛成不用官府寻找，自己承担责任，自己到苏州府衙投案。葛成前往投案时，有万人哭泣相送，百姓感他勇于担当，尊称他为葛贤、葛将军。葛成被关进了大牢，其间苏州又发生了以颜佩韦等五人为代表的市民抗暴斗争，葛成心赞许之。葛成出狱后，哪儿也不去，就在五人墓旁搭了间草棚居住，只说要为五位义士日常扫墓，清明焚香。葛成死后，时人铭赞其“吴中义士气如云，留得余生代有闻。东海长虹挂秋月，丹青齐拜葛将军”（明陈继儒《葛将军墓碑记》），并按其遗言，为他筑坟五人墓侧，让他的在天之灵依旧和五义士相伴。苏州人一直不曾忘记葛成，他们封他为“副城隍神”。画家画的葛成像，百姓争相求购，贴在家中，以求葛将军保佑阖家平安无事。葛成墓和五人之墓在今苏州阊门外山塘街775号，1956年一起被列为“江苏省文物保护单位”。

江南三织造

风送万机声，晴翻千尺浪。

周文惠先生在《清朝前期织造初探——以苏州织造为中心》中指出："江南三织造指的是江宁、苏州、杭州三个织造处。明代就设有此机构，当时由织造太监管理。而清入关之后，在顺治三年（1646）四月明令'罢织造太监'，织造太监虽被罢除，但是清廷宫中服饰仍旧需要织造衙门为其服务。如顺治初年规定，'御用礼服及四时衣服，各宫及皇子公主朝服衣服，均依礼部定式，移交江宁、苏州、杭州三处织造恭进'。清初设立内务府以专门管理宫廷和皇室的财务及生活服务诸事宜，按定制，江南三织造都是内务府下属的业务部门。清代皇室的衣冠服饰，都是由江南三织造中生产出来的，皇帝的身份、地位和权势，因此其所决定的服饰原料和工艺技术都是最顶尖的。""'织造'一词，是指清宫廷专用的机构，专门制造皇室的各类服装。它是上层阶级的衣物提供者和专属皇室的服饰公司。”清前期指顺治、康熙、雍正、乾隆四朝，这是大清入关后逐渐走向鼎盛的时期，中国封建时代最后的辉煌——“康乾盛世”就出在这个时期。同时，这也是丝绸生产攀上巅峰的时期，无论产量、质量都大大超越前代。而江南三织造，就是巅峰的象征、超越的标识。

在一般人的印象里，明清易代的过程异常血腥残暴，江南人对此的记忆尤其痛苦。八旗铁蹄越过长江以后，清廷下布剃发令，意图从精神上彻底征服汉人。当时大街小巷，到处是剃头担子，担子一头是理发工具，一头是寒光闪闪的鬼头刀，谁不乖乖地把发式改成一条“老鼠尾巴”，剃头匠鬼头刀一挥，咔嚓，一颗血淋淋的人头就被挂到了剃头担上。这就叫“留发不留头，留头不留发”。这条辫子，对于汉人的伤害是很深的，《孝经》有言：“身体发肤，受之父母，不敢毁伤，孝之始也。”汉人成年之后就不剃发，男女都把头发绾成发髻盘在头顶，清廷“易服剃发”令一下，汉人的心情就如顾炎武《断发》诗所言：“一旦持剪刀，剪我半头秃，华人髡为夷，苟活不如死！”何况，清军在长江南北还制造了扬州大屠杀、江阴大屠杀、嘉定大屠杀，染红长江的血，使大清入主中原后的第一个皇帝顺治身上永远烙上了野蛮的纹章。

按理，经过这样野蛮的洗礼，江南社会经济必然遭到巨大破坏，丝绸也该难以幸免。可是，非常奇怪，就在顺治朝，江南三织造红红火火，规模都有所扩大，产量都大幅增长。以苏州织造局为例，明代织染局设在现在的北局，到明末已经荒废，顺治三年（1646），工部右侍郎陈有明受命督理苏杭织造，他在《重修织染局记》里写道："廉得姑苏旧有织局，在察院南二百武而近，西临天心桥，东北距圆妙观者，创自前朝鼎盛之日。至晚季废阁不举，而局政坏，局事停，局工散，局舍亦倾圮，不复厘葺，沦为旷野矣。所存仅颓房几间，罄悬零落，衰草芊绵，不堪为马厮牧养之地，恶可铺设上用机张？"于是陈有明对已倾圮的织造局加以重修，"始得机房七十六间，染房五间，厨房四间，厅房、局神堂祠、漉线池塘，悉举毕备"。陈有明又奏请在带城桥下塘、明崇祯皇帝朱由检正妻周皇后的父亲周奎故宅建织造局，"今得总织局前后二所，大门三间，验缎厅三间，机房一百九十六间，铺机四百五十张，绣缎房五间，神祠七间，染作房五间，灶厨等房二十余间，四面围墙一百六十八丈，开沟一带，长四十一丈，厘然成局，粲然可观"（《建总织局记》）。清初苏州有总织局和织染局各一处，分别称为"南局"和"北局"。康熙十三年（1674）改为织造衙门，亦称织造府或织造署，由内务府派郎官掌管，并将总织局迁至衙门以北。织造府除了在苏州、松江、常州自设机房，雇工制造以供皇室消费外，还兼管三府机户和征收机税等事务。"织造署规模巨敞，厅堂、园池、机房、吏舍齐备，占地甚广"（《苏州织造局志》）。

如此规模的织造府，机房、织机有多少呢？顺治年间有机房214间，织机450张，织机比明代苏州织染局最兴旺时的173张翻了一番多。到了康熙年间，织机数量已扩大到800张，乾隆年间织造府规模稍有裁减，也还有织机660张，机匠

17032名。放在今天,也算得上一个大型国有企业。

再看品种,“苏州织造的丝织品种有绫、绸、锦缎、纱、罗、绛丝、刺绣等”。(周文惠《清朝前期织造初探——以苏州织造为中心》)这说明了清初统治集团对丝绸的重视和偏好。这可能是清朝皇室、贵族一种根深蒂固的特殊心理。大清王朝还在关外时,丝绸就是统治集团的觊觎之物,他们想要获得丝绸,须用马匹、东珠、人参与明朝交换。马是战略物资,东珠是罕见珍宝,人参是高级补品。东珠产于松花江、黑龙江、乌苏里江、鸭绿江等流域,“每得一珠,实非易事,……易数河不得一蚌,聚蚌盈舟不得一珠”。东珠作为等级最高的朝珠,只有皇帝、皇太后和皇后才能佩戴,即使贵为皇子、亲王,也不得使用。

采集东珠需十人站一排,腰系绳索,抱着石头,背着口袋,潜到水底捞蚌,采珠人因泅水本领差或体力不强,被冲进旋涡葬身江河之事时有发生,北方高寒,江水冰冷刺骨,感染风寒患疾而死者也不少。据史料记载,明嘉靖五年(1526),采珠之役死者万计,而得珠仅八十两,真是珠大大贵于命!用东珠换丝绸,于是,丝绸在清朝皇帝眼里,比东珠更贵重。现在天赐给大清机会,丝绸中心江南三地皆落入了囊中,清政府怎会不悉心经营呢?

清初,为了让织造府尽快恢复和壮大,朝廷采取了两项措施,一是废除明朝太监督织的陋规,二是织造府与榷关挂钩。榷关是明清时期对过往关卡的船只、商品征税的一个专门机构，主要设在运河、长江、海口沿线的交通枢纽处，清代榷关所征税收，成为继田赋、盐税之后的第三大国家财政收入。江南三织造的经费，来自工部和户部拨款，工部拨款约占 54.7%，户部约占 45.3%。靠这些固定的财政拨款，满足不了皇室对丝绸的不断增长的需求，于是皇上动用他的权力，指定几个榷关和三织造建立特殊关系，由江宁织造兼督龙江关、西新关，苏州织造兼督浒墅关，杭州织造兼督北新关、南新关。苏州织造虽然只兼一关，但浒墅关是最肥的，所以苏州织造府得利最丰。

有了榷关这个“皮夹子”，织造府花钱太方便了，我们来看两件清宫档案，“查核苏州织造报销办差、罚料、养廉三项用过银两数目，分断查明，具奏事查得办差银，一向原该织造每年例于浒墅关盈余项下动支银三万两，如遇闰月之年加增银二千五百两，今乾隆五十七年系闰四月共十三个月计算，应支办差银三万二千五百两。”（《内务府奏销档》）“诰帛、线罗、养匠、修理机房、船只等各项银两七千二百两。”（《李煦奏折》）从中可以看出，织造府在支办差银时，设有各类名目，该报销的，巧立名目的，都有浮开经费，皇上只要他们把差办好，对此事就睁一眼闭一眼。

“清宫服饰所需绫、罗、绸、缎、锦、妆花、缂丝、刺绣等都是由江南三织造提供。服饰衣料的织制要由宫内画师据《大清会典》绘出服饰小样，再交总管太监呈皇帝御览，钦准后小样上要附有圣谕黄笺，发往三织造按小样画稿进行织造。且每件制品都标有织造臣、织工及验收官员的姓名，以备查询。”（冯林英《清代宫廷服饰》）所谓“查询”，实为追责，如果料子、成衣出点瑕疵，按名问罪，那可不是儿戏！尤其龙袍，断一纬折一经，都是“谋逆”大罪，掉脑袋都算是轻的。因此，这类差事交哪儿都交不下去，只能由织造府来承办。

龙袍为至尊之服，制作之精细、做工之考究、过程之繁复、费用之浩大，都是常人难以想象的。以清代龙袍为例，据故宫博物院的著名织绣专家宗凤英介绍，根据清宫织造档案所登记的费用，一件以缂丝工艺或刺绣工艺制作的龙袍，需要用去白银1000多两，用绣工近500人、绣金工40余人、画样者10余人，往往耗时两年之久。故宫博物院珍藏历代龙袍有近万件，其中一件乾隆“缂金十二章龙袍”格外醒目。

我们在前文已提到“十二章”，据《尚书》的说法，这是“日、月、星辰、山、龙、华虫、宗彝、藻、火、粉米、黼、黻”12种图纹的统称，前六种绘于衣（上衣），后六种绣于裳（下衣），绘、绣有图纹的衣裳称为“章服”，用作礼服，后来成为帝王专用服。这十二种图案，各有其象征意义，日、月、星辰代表三光普照，象征皇恩浩荡；山，代表稳重，象征社稷坚固；龙，高高在上，象征唯我独尊；华虫，通常为一只羽毛美丽的雄雉，象征“文采昭著”；宗彝，是古代祭祀用的一种器物，通常是一对，绣虎纹和樽纹，象征忠孝美德；藻，象征品行高洁；火，象征国事政务光明磊落；粉米，象征重视农桑，哺养万民；黼，与“斧”同音，故作斧头状，象征干练果敢；黻，同“绂”，绂是系印章的丝绳，象征掌握权力。乾隆这件龙袍，无论材料还是做工都堪称极品，整件龙袍“卍”字打底，胸口是一条熠熠生辉的金龙，周身8条金龙环绕，寓意九五之尊，下摆分别是水浪、八宝立水、彩云等图案。一般的龙袍只有上面的龙图案使用金线，而这件乾隆龙袍，除了“卍”字底使用明黄线外，其余部分均使用4种颜色的金线，金线的比例占到了80%，连起来长达5万米。故宫收藏的龙袍有相当一部分出自苏州织造府，乾隆这一件也有可能是苏州货。

苏州织造府在江南三织造中是“老大”，这从拨款额上可以看出，江南三织造岁银十三万两，分给苏州织造府的为64500两，占近一半。中央财政做如此倾斜，只能说明一个问题，就是苏州织造府的重要性，大于其余两家。

苏州织造府每年在完成皇室规定的织造任务外，往往还有各种临时办差，如帝后的大婚、皇子公主皇孙诞生、万寿贡、元旦贡、端午贡、中秋贡、重阳贡等，另外，赏赐大臣、馈赠友邦也需要绸缎，几项相加，数额极为庞大。织造府应接不暇，往往将“上用”（皇室专用）的订单转包出去，把缎纱工料下发民间，由民间机户承造。此举促使苏州城乡丝织手工业作坊大量设立，民间织造的规模渐趋扩大，苏州城内“东北半城，万户机声”，各种丝行、纱缎账房、纱缎庄以及行会公所、会馆等林立，丝绸生产和丝绸贸易呈现出一派繁荣的景象。“乾隆年间苏州丝织业的发达，还表现在经营绸缎业的商业资本异常繁盛。而经营绸缎业的商业资本高度集中在少数绸缎庄手里。有的绸缎庄开始经营纱缎机业，从康熙年间以后出现经营纱缎机业的‘铺户’，这类铺户称为‘经造纱缎帐房’。”（段本洛、张圻福《苏州手工业史》）乾隆二十四年，宫廷画家、苏州人徐扬绘制的《姑苏繁华图》中就出现丝绸店铺共十余家，挂的市招有绸缎庄、绵绸、纱罗、富盛绸行、绸缎袍褂、山东茧绸、震泽绸行、濮院宁绸、绵绸老行、湖绉绵绸、山东沂水茧绸、上用纱缎、进京贡缎、自造八丝、金银纱缎、绸行、缎行、纱行、选置内造、八丝贡缎、汉府八丝、上贡绸缎、本号拣选、妆蟒大缎、茧绸、宫绸哔叽羽毛、本店自制苏杭绸缎纱罗等，基本上将当时江南生产的丝绸品种以及丝绸业生产形式的全貌反映了出来。

清早期各地出产的各类丝绸，无论大宗产品还是稀见产品，在苏州均有出售，可见苏州汇集丝绸品种之多，数量之巨。诚如清人纳兰常安所言："近人以苏杭并称为繁华之郡，而不知杭人不善营运，又僻在东隅。凡自四远贩运以至者，抵杭停泊，必卸而运苏。即如嘉、湖产丝，而绸缎纱绫，于苏大备，价颇不昂。若赴所出之地购之，价反增重，货且不美。”

诚如范金民先生《清代苏州城市工商繁荣的写照——〈姑苏繁华图〉》一文所说："苏州绸缎在乾隆时最有名的是黄宏成绸缎。记录乾隆二十二年第二次南巡时苏州店铺的《江南省苏州府街道开店总目》，共记录了25家店铺（其中只有一家没有市招），第一店就是有‘发各省绸缎纱罗’字招的公茂号，第12店是有‘定织妆蟒朝衣补服’市招的松茂号。当时外地的丝绸商人也以苏州为推销丝绸的大本营，如湖州商人在苏州分为绉、绸二业，于乾隆五十四年建有吴兴会馆。杭州商人将丝绸销向全国各地时，则‘尤以吴阊为绣市’，并从杭线会馆独立出来，于乾隆二十七年单独建成钱江会馆。”建会馆的热情还在一直延续下去，清道光间苏州丝绸商人建立了“七襄公所”，是为丝绸全行业的行会组织。初由吴中绸缎业胡寿康、张如松等于道光十九年（1839）发起捐款，丝绸同业集资购下文衙弄“艺圃”而设立，取意《诗经》中“跂彼织女，终日七襄”。七襄公所得到了官府的认可，道光二十三年（1843）《苏州府为绸缎业设局捐济同业给示碑》：“仰各该地保及绸缎同业，以及在苏销绸各庄人等知悉：所有职监胡寿康等，经置房屋，作为公局，……各绸庄照议扣捐，亦毋以多交少，徇隐干咎，……除移嘉兴、湖州二府，并札吴县、吴江、震泽三县一体示谕外，合就给示勒石遵守。”次年，又有《吴县为胡寿康等设局捐济绸缎同业给示立案碑》。府、县二碑，体现了官府对七襄公所的重视程度，也显示出七襄公所的影响力，其影响辐射到了周边府、县丝绸产区。

苏州下辖乡镇在清早期有不少也因丝织业得到了大发展，如盛泽，明弘治年间仍以村名，居民仅五六十家，清顺治四年（1647）建镇，至乾隆九年（1744），盛泽镇已有4436户，人口达16682人，成了丝绸大镇，有了“日出万绸，衣被天下”之誉。其时的盛泽，街上人来人往，摩肩接踵，河上樯帆林立，舟楫塞港，锦帛产销两旺，市面繁荣。各地商人为了便于采购盛绸，纷纷在盛泽买地建会馆，作为永久性贸易基地。从康熙年间起，盛泽镇上先后建立会馆十余处，这些建筑华丽、规模宏大的会馆，生动地反映了这一时期盛泽丝绸市场的繁荣和在国内的巨大影响力。光绪三十四年（1908）重建的白龙桥上的桥联“风送万机声，晴翻千尺浪”，是“康乾盛世”时盛泽的生动写照。

《吴江县志》称盛泽是“商贾辐辏，烟火万家，百倍于昔，蕃阜气象，几与郡县相埒”。再如震泽，情况与盛泽相似，原也只是个居民数十家的萧条荒村，搭上了丝绸这辆顺风车，便迅速发展成了一个江南名镇，乾隆时已是“居民二三千户，栋宇鳞次，百货俱集，以贸易为事者，往来无虚日”。又如唯亭，也是从苏州吸收到丝绸生产技术，家家户户加入了丝织行列，才发展成一个繁华市镇的。这些市镇，“所环人烟，小者数千家，大者万家，即其所聚，当亦不下中州郡县之饶者”。

时人对丝绸的作用看得很清楚，在他们的著作中，留下了这样的感叹：“丝之丰歉，绫绸价之低昂，即小民有岁无岁之分也。”“不仅视田亩之荒熟，而且视绸业之盛衰。倘商贩稀少，机户利薄，则凋敝立形，生计萧索，市肆亦为之减色矣。”“农亩之入，非能有加于他郡邑也。所由供百万元赋，三百年而尚存视息，全赖此一机一杼而已。”

打个比方，苏州织造府像一只母鸡，孵出了盛泽这样的一批小鸡。小鸡天天啄食丝绸，日长夜大，变成了金羽朱冠的大雄鸡，用今天的词来形容，真是“帅呆了”。苏州这座城市，由于丝绸，美上加美；苏州周边的一批乡镇，也因为丝绸，跻身进了中国美丽乡镇的行列。

康熙恩宠下的苏州织造府

酌月尊空且自缄，雨余瑶草莫教芟。
墙阴预记来时事，一叶蛮江雪漫衫。

曹寅（1658—1712）和康熙帝有不同寻常的关系，曹寅的母亲孙氏是康熙帝的奶妈，康熙帝称孙氏“此吾家老人也”，并亲笔御书“萱瑞堂”以赐。他们两人是喝一个母亲的乳汁长大的，小时候，他们是玩伴，是发小，是异姓兄弟；长大了，一个是君，一个是臣，这个君对这个臣特别信任，所以，委任他为江南织造。江南织造在康熙时期，除了承担“上用”绸缎服饰的专供，还另有特殊任务，一是笼络江南文人，二是充当皇上在江南的耳目。

关于前一个任务，我们先要提一下哭庙案。古时读书人，遇到科举有弊或社会不公，常跑到文庙去向至圣先师孔夫子牌位哭诉，以期引起公众同情，争取声援。清初，苏州官府严刑催粮，借机掠贪，一批读书人又效法前人，去借重孔圣人牌位，不料构成一桩大冤案。清顾公燮《丹午笔记》记之甚详。

清顺治十六年（1659），江苏巡抚朱国治莅任，苏郡大荒，朱国治也因此赢得一个诨名“朱白地”。凡绅衿欠粮者，无论多寡，朱国治一概奏请褫革，名曰：“奏销”。绅士被黜籍者万余人，被逮者亦3000余人。顺治十七年十二月冬季，任维初任吴县县令，用浸透尿屎的大竹片作为刑具催索欠粮，挨打的轻则两股糜烂，重则终生残废。合邑之民，无不股栗。同时，任维初偷卖仓米，赃款塞进了自家腰包，官仓中造成的缺额，仍要各户补足。此事传出，三尺童子皆怀不平，于是诸生（秀才）倪用宾等有哭庙之举。

顺治十八年（1661），清世祖爱新觉罗·福临驾崩，二月初一哀诏至苏，府堂设幕，哭临三日。二月初四，倪用宾为首，至文庙者诸生百余人，鸣钟击鼓，抱着孔夫子牌位大哭一通，有人建议去向巡抚请愿，便有人立即写了一份请愿书，秀才们情绪激动地赶往府堂，沿途又有千余人加入进来，大呼大叫，都是要求驱逐任知县的口号。千余人涌到府堂，朱国治大骇，叱左右擒拿，倪用宾等十一人被抓进监狱。四月初三，哭庙案犯被押赴江宁公审——朱国治恐苏州民心有变，故而安排在江宁审理此案。这时有人诬告，说金圣叹也是哭庙案骨干分子，于是将金圣叹也抓来一同受审。金圣叹在哭庙之日，也曾到过那儿，但他并不是去哭庙的。所以后来他在临刑前会说：“杀头，至痛也。籍没，至惨也。而圣叹以无意得之，不亦异乎？”

倪用宾、金圣叹等十二人全被判了死刑，家产充公，妻儿充军。七月十三日立秋那天，这十二人和江南各地反清人士共120名，被押赴三山街刑场，一个个双手反绑，背插招旗，口中塞栗木，挟而趋走如飞，四面皆披甲兵丁围之，巡抚朱国治监斩。观者稍近，便挨披甲兵丁枪杆、刀背乱打。俄而炮声一震，120颗人头落地，披甲兵丁撤走，法场上唯有血腥触鼻，身首异处而已。

如此规模的处决，震慑大江南北。尤其是金圣叹也在此列，更令江南士子心寒。金圣叹（1608—1661），明末清初文学批评家。为人“狂放不羁”，终生未仕，以评点《西厢记》《水浒传》享有盛名。杀这么一位知名文人，确实能够收到强化“文字狱”的效果，但从长远看，也会造成文士阶层与统治阶层离心离德的负面影响，不利于政权的稳定。康熙亲政后，看到了这点，他一方面继续推行“文字狱”，保持高压态势，另一方面也积极采取措施，改善与文人士子的关系。让曹寅来当江南织造，就是措施之一。

曹寅不辱皇命，出色地完成了这项任务。康熙二十九年（1690）四月至康熙三十一年（1692）十一月，曹寅出任苏州织造，当他奉调离苏转任江宁织造时，苏州士人恋恋不舍，发起集资，在虎丘山万岁楼侧为他建了“生祠”。为当朝官员建“生祠”，是一件超乎寻常的事情，尤其是清康熙年间，一般是要禁止，甚至予以追究的，但康熙默许了。苏州名士尤侗《司农曹公虎丘生祠记》：“公之来也，人皆喜而迎之；其居也，人皆悦而安之；及其去，莫不泣而留之；留之不得，莫不讴而思之；思之不已，则相庙而貌之，尸而祝之。”尤侗是江南文士的代表，他那样肯定曹寅，赞扬曹寅，说明曹寅的“统战”工作卓有成效，这正是康熙所希望看到的，允许曹寅生祠存在，就是一种褒彰。

曹寅与年逾七旬的尤侗是忘年交，两人初识于京城，很快就成了往来甚密的朋友。康熙选择曹寅出任苏州织造，是经过深思熟虑的，尤侗曾被顺治誉为“真才子”、被康熙誉为“老名士”，曹寅和尤侗的交谊，应是康熙考量中的一颗关键砝码。曹寅到了苏州，尤侗经常邀他到自己的亦园聚会，介绍他认识了一大批江南著名文人。有资料可查的与曹寅有诗文交往者约二百余人，其中不乏当时极有影响的知名人士，著名学者傅山、顾景星、邵长蘅、李因笃、汪琬、陈维崧、施闰章、阎若璩、朱彝尊、姜宸英、毛奇龄、毛际可等人都与曹寅建立了较深的友谊，保持着密切联系。

曹寅和他的文人朋友在亦园揖青亭、水哉轩赋词吟诗，许多诗篇都收进了尤侗《艮斋倦稿》。从曹寅的《楝亭诗钞》和《〈楝亭图〉题诗卷》中，我们也能看到当时众多江南名士的题词赠诗。曹寅三十三岁生日，尤侗特赋词《瑞鹤仙 · 寿曹子清织部》以贺。曹寅酷爱戏曲，“游越五日，倚舟脱稿”，编就《北红拂记》，并由织造府的戏班子进行了排演，尤侗特为《北红拂记》作序。

曹寅在苏州期间，一直把山塘、虎丘作为结交文人的重要场合，以文会友，以诗交友。诚如尤侗《司农曹公虎丘生祠记》所说：“三年以来，春秋暇日，公与吾辈一觞一咏之地也，倘亦公之所低徊不去者与。”重阳节虎丘登高，曹寅遍邀苏州文人中德高望重的老先生，还特地将“湖广四杰”（前明遗老）之一的杜岕（74岁）从金陵接来，“即事铲舳”，登山赏菊，剥菱吟诗。曹寅《泛舟虎丘观获得菊字》有“坐持一杯酒，移赏竞云木”，“还剥长荡菱，思把故园菊”之句。杜岕和诗《九日荔轩招泛虎丘观获》有“买菱充野膳，结荷将水宿”，“胜游但如此，何减东篱菊”之句，其情其景，跃然纸上。凡此种种，都反映了曹寅和江南文人融洽的关系，这个群体缅怀前明、抵制新朝的情绪渐渐被冲淡了，曹寅很好地安抚、笼络了明季遗老遗少、江南知识阶层，这对康熙以“文治”治天下的方略有很大帮助。

康熙交给曹寅的第二个特殊任务，有点像现在安全局做的事。苏州织造并非要职，然而康熙给了曹寅密折奏闻的特权。康熙曾多次叮嘱曹寅：“以后有闻地方细小之事，必具密折来奏。”（《南京通史·清代卷》）小事尚且如此，遑论大事，反正事无巨细，都得报告皇上。地方官吏有何动静，民情有何动向，乃至粮价升降，天晴天雨，康熙都需要知道，许多事他甚至要求曹寅必须赶在地方官奏折上递之前先行奏闻。在《康熙朝汉文朱批奏折汇编》所收录的3119件奏折中，曹寅和其继任者李煦所上的密折就有619件之多，接近总数的五分之一。江南官场和民间的重大事件，如康熙四十六年的江南盗案，四十七年的废太子胤礽事件，五十年的江南科场案、朱三太子案等，都在这些密折之上。

我们来看一件密折，康熙五十年（1711）十月初二日《曹寅奏报江南科场情弊折》："江宁织造，通政使司通政使臣曹寅谨奏：恭请圣安。今岁江南浙江尽属丰年，大田秋收，新米价值六七钱不等。今年丰收，则来年无虞，百姓讴歌，太平优游无事。惟是今年江南文场秀才等，甚是不平，皆云皇上洪恩广额，原为振拔孤寒，今中者甚是不公，显有情弊。因而扬州秀才扰攘成群，将左必蕃祠堂尽行拆去。后传闻是副主考赵晋所为，始暂停息。必抚俱有参章，目下已拿二人，俱是富商之子。传闻榜中不通文理者尚多。所有地方情形，并九月分晴雨录，理合一并奏闻，伏乞睿鉴。"

康熙五十年辛卯科场案，是中国科举史上涉案金额最大、审理过程最复杂的案件。江苏人才最集中、考试成绩最佳的苏州地区，在这次江南乡试中录取的只有13人，而题名榜上的多有扬州盐商子弟。最显眼的，莫过于吴泌和程光奎，他们是有名的纨绔子弟，平日里不学无术，写文章文理不通，竟然也能榜上有名！苏州学子愤怒抗议，写下对联讽刺主考官左必蕃昏庸无能，副主考赵晋胆大包天："左丘明两目无珠，赵子龙一身是胆。"一千多名苏州秀才跑到乡试地点江宁府集会，把五路财神抬进了江宁府学，供奉在明伦堂孔子像旁，寓意谁送钱，谁就能获得举人头衔，又把贡院的门额用白纸糊住，上书"卖完"，字形接近"贡院"二字，寓意举人头衔都被考官卖完了。

江宁织造曹寅密奏此事，康熙大怒，下令追查。此案牵涉众多高级官员，经过长达数月的艰难调查，最终定案：副主考官赵晋及考官王曰俞、方名与考生串通舞弊，被处以斩立决；贿买考官的吴泌、程光奎以及三个牵线搭桥的中间人，被判处绞监候，主考官左必蕃被革职。因为礼金的层层流动，所以难以确定每个参与舞弊的官员所收受的具体赃款数目，但我们可以看看舞弊考生的花销：吴泌在考前预付李奇3000两银子买通关节，因为自己水平太差实在难以糊弄，又花了5000两银子请权相代考，录取后再通过李奇付给轩三3000两银子，另外对于帮忙录取自己的赵晋，吴泌也送了300两黄金，总共折合人民币约588万元，数目之大令人咋舌。

关于这次科场案，曹寅共写了六件密折，对于康熙下决心处死卷入此案的高官，起到了催化作用。这让我们想起了顺治十八年的哭庙案，同样是秀才闹事，仅隔50年，当局的处理截然不同，我们真该为哭庙案的秀才哭泣，为科场案的秀才庆幸。而且，我们还应注意到，曹寅写这六件密折的时间，正是他去世的前一年。其时曹寅已身罹沉疴，还抱病写下这些密折，让人不能不钦佩。

康熙与江南三织造及其主官的关系，周文惠先生的《清朝前期织造初探——以苏州织造为中心》剖析得很透彻："大约从康熙二十年（1681）开始，对江南三织造的运用产生了重大的实质性变化，从而部分地改变了他们的职任和作用。康熙皇帝当政后陆续委用自己的亲信包衣，及皇室的内奴仆李煦、曹寅、孙文成等人分别担任苏州、江宁、杭州织造之职，并特准给予关防敕书。织造官品不高，包衣身份‘下贱’，但因为是奉敕执行职务，便具有钦差的资格，更因拥有关防印信，实际上便形成了可以和当地督抚平起平坐的特别职位。康熙皇帝还改变了顺治朝规定三处织造应一年或三年更代的做法，改为‘不必限年’，这就有利于受宠的朝臣数十年，甚至是长期担任此职务。尤其在中晚期时，康熙皇帝更赋予了李煦、曹寅（包含了曹颙、曹頫）等以特殊的政治任务，允许他们可以‘专折密奏’，要求他们注意‘打听、奏闻’江南地区的官风民情，密切监视‘各行人等’的动向，‘亲手写奏帖来’。因此，江南三织造，特别是其中的李、曹二人，实际上成为御前最可亲信、最受宠信的近臣。”曹寅在这样的恩宠下，达到了他人生的顶峰。

江南三织造三位主官，曹寅是核心。曹寅迁江宁织造，苏州织造一职由其内兄李煦继任，任杭州织造的是曹寅的母系亲戚孙文成，可说“江南三织造”全在曹氏家族掌控之下。而且，三家之中，曹家和织造府的关系最是盘根错节，曹寅之父曹玺任江宁织造22年；曹寅病死在任上后，康熙特命曹寅之子曹颙继任江宁织造，两年后曹颙病故，康熙又亲自主持将曹寅的四侄曹頫过继过来，接任了江宁织造的职务，曹寅和他的儿子、继子在织造任上近40年。曹氏三代四人，耕耘织造府六十多年，这在有清一朝，独一无二。曹家有这等荣耀，全仗康熙关照。

真所谓“成也萧何，败也萧何”，曹氏后来的衰落、凄惨，亦是缘于康熙。导致曹氏衰败的导火索是经济问题，康熙四十二年（1703），曹寅、李煦主管的江宁、苏州织造府严重亏损情况暴露，康熙为帮助二人渡过难关，命二人轮管两淮盐课，为期十年。即便如此，织造府的窟窿还是越来越大，康熙四十八年（1709）十二月初六，两江总督噶礼参奏曹寅，密报康熙说，曹寅和李煦亏欠两淮盐课银三百万两，请求公开弹劾他俩。康熙知道这是曹、李二人挪盐课填织造所致，压下了这份奏折，私下嘱咐曹寅、李煦，兹事体大，必须设法补上亏空。但直到曹寅病重，弥留之际，李煦递呈给康熙的密折还说，核算出亏空库银二十三万两，而且曹寅已无资产可以补上，“身虽死而目未瞑”。康熙叹息之余，命李煦继续代管两淮盐差一年，务必千方百计补齐亏空。康熙五十六年（1717），李煦上奏亏空补完，康熙算是去了一块心病，加升李煦户部右侍郎。

为什么织造府亏空会是康熙心病呢？因为康熙心知肚明，这笔账真要认真查，最后将会查到他头上。史书记载，康熙南巡轻车简从，不像他的孙子乾隆南巡那样极尽奢华。乾隆南巡，扈从如蚁，妃嫔蝶拥，仪仗车马，数不胜数，岸上车队，水上船队，浩浩荡荡，长若巨蟒。尤其他乘坐的龙舟，穷工奇巧，备极靡丽。龙舟前面，有一对大船并肩而行，不紧不慢，不疾不徐，始终保持着同速，这两条船上搭着戏台，戏台上鼓瑟奏鸣，演着一出出戏文，乾隆观时演，不观时也演，昼夜不停。

御舟经过之地，地方官吏在码头跪迎跪送，自不必说，又驱动百姓，万人空巷，无分老幼，统统聚集在河道两旁，头顶香案，匍匐于地，山呼万岁，惊天动地。沿途官吏深知皇上讲究排场，便争相逢迎，巧设节目。龙舟将至镇江，乾隆遥遥望见岸上有一枚桃子，硕大无朋，颜色鲜红可爱。他正觉诧异，忽见烟火大发，光焰四射，蛇掣霞腾，几炫人目。俄顷之间，巨桃砰然开裂，桃内竟然搭着一只大戏台，戏台上有数百艺人，向乾隆献演特地赶排的新剧《寿山福海》。行至常州，乾隆上岸暂憩，常州知府安排皇上进了天宁寺，因乾隆喜谈禅理，知府重金聘了通晓佛典的文人，剃了光头冒充和尚陪皇上闲谈，果然哄得龙心大悦。苏州知府更有心计，早在皇上南巡的上一年，就预做布置。待乾隆到达苏州，登上灵岩山，春光明媚中，回头一望，只见山脚下一大片田地，青的是麦苗，金黄的是油菜花，油菜花长得有横有竖，有撇有捺，细细一看，原来是“天下太平”四字。这四个金黄的巨字镶嵌在碧青的底版上，格外勾人眼球。乾隆帝大喜，哈哈大笑。

仅此几例，便可知乾隆南巡淌掉了多少银子！康熙南巡，沿途确实并不张扬，但住下来之后，耗费怎样就说不清了。康熙六次南巡，五次以江宁、苏州织造府为行宫，曹寅、李煦精心筹备，隆重恭迎，花费了大量库银，两地织造府填不平亏空的主要原因就在于此。因迎候南巡有功，曹寅不但在生前即被议叙加衔为通政使司通政使，而且在身后，康熙又为之立嗣承袭江宁织造之职，李煦先后被议叙加衔为大理寺卿、户部右侍郎，这种种待遇都已远远逾越织造的本职本级，完全突破了常规常格。倘若亏空事件酿成政治丑闻，皇上的脸面往哪儿搁？故而，康熙要极力为两位亲信掩盖，尽量弥平此事。

可是，待到康熙的四子雍正上台，就不再像他父皇那样宽容了。雍正接连颁布谕旨，开始在全国上下大张旗鼓地清查钱粮，追补亏空。凡亏空钱粮的官员一经查实，不问情由，一律予以惩处。苏州织造李煦，其实并未完全填平亏空，只是账面上做平而已，他因此获罪，被革职抄家。接着，曹頫也因亏空钱粮，落到与李煦同样下场，曹氏家族迅速败落。雍正在处置曹、李两家的同时，断然剥除了由江南织造承担的特殊政治任务，只保留了其本来的织造职务，江南织造府回归到了它的本业。

曹氏家族沉沦如斯，固然是个不幸，但不幸之中有“大幸”，这个“大幸”则是对中国文学而言，造就了一个曹雪芹，造就了一部《红楼梦》。

这就是历史的诡异之处。

红尘中一二等富贵风流之地

东北半城，比户习织，其专业者不啻万家。

攀花
時態尚新巧女工慕
精勤心手暗相應照
眼花紛紜殷勤挑錦
字曲折讀回文更將
無限思織作雁背雲

《红楼梦》里这样写道："当日地陷东南，这东南一隅有个姑苏城，城中阊门，最是红尘中一二等富贵风流之地。"

曹雪芹（1715—1763）生活在"康乾盛世"。在这样一个重要历史时期，本来就富庶的苏州更趋繁荣，就不是什么奇怪的事了。清前期苏州的繁荣，首先表现在商业上。有论者指出，这个时期的苏州，已经确立了"城市中心市场"的地位。城市中心市场需要具备如下几个条件：工商业人口密集而多样，商业贸易活动集中而多样，商业、服务设施发达而完备，有较大牙行组织、批发商组织，长途贩运占相当比重，能进行大规模商品输入输出，等等。苏州符合上述各项条件，阊门更符合。

什么叫"富贵风流"，恐怕没人比曹雪芹更有体会了，他的祖父曹寅，父亲曹頫，都任过江宁织造，这在当时是很显赫的职位。曹雪芹早年在织造府过了一段乘坚策肥、衣裘衾锦的日子。曹家后来衰败了，曹雪芹后半辈子也挨了些苦日子，但毕竟已在如他所形容的金陵贾氏那种“烈火烹油，鲜花着锦”，“钟鸣鼎食之家，翰墨诗书之族”的环境里浸淫过，所以他懂得真正的富贵、真正的风流。

苏州在清前期的繁华绮丽，通过阊门可以看得清清楚楚。我们先来看两条街道，一条南濠街，一条上、下塘（上塘街、下塘街），这是阊门的摇钱树和聚宝盆。

南濠街在康熙年间，已被人称作“苏州最盛之地”，整条街全是商家，从阊门吊桥逶迤到胥门万年桥，胥门的市面也就给带动起来了，胥门成了当时苏州第二个重要商业中心。由于康熙二十三年（1684）废止了海禁，苏州的对外通商非常活跃，据清蒋良骐《东华录》记载，苏州一地每年造船出海贸易者多至千余，他们将吴丝、吴绫、各类百货以及全国各地汇集到苏州来的商品，通过“海上丝绸之路”销往古罗马、朝鲜、日本、东南亚各国。外商船队也利用吴淞江、娄江之便，直抵阊门城下，“南濠在苏州阊门外，为水陆要冲之区。凡南北舟车，外洋商贩，莫不毕集于此”（清纳兰常安《宦游笔记》）。作为“控三江跨五湖而通海”的“东南一大都会”苏州的窗口，时人描述的“商贾辐辏，百货骈阗，上自帝京，远连交广，以及海外诸洋，梯航毕至”（《陕西会馆碑记》），正是南濠街最常见的一道风景。南濠街非但容纳了本埠众多行商坐商，吸引了东南西北各地的商客以及许多外国商人，在南濠的店铺里，不难发现高鼻子、蓝眼睛的掌柜，不难购到日本的家具、漆器，朝鲜的折扇，南洋的玳瑁、珠宝饰品。

上塘街、下塘街乃苏州布号绸庄集中地。《吴县志》(乾隆)："苏布名称四方，习是业者，阊门外上、下塘居多，谓之字号，自漂布、染布及看市、行市，各有其人。"阊门既是布匹贸易量最大的吞吐口岸，又是布匹深加工的基地。当时苏州染布、织布工人有2万多，不少都劳作于上、下塘店铺作坊里，上、下塘布号一爿连一爿，还在各地设立分号，近则吴县唯亭、吴江松陵，远至上海松江、浙江嘉善，大量收进棉布。松江人有言："布店在松，发卖在苏。"嘉善人吟："织成不让丁娘子，只待苏松抄布船。"正是说苏州布商经营当地大部分棉布行业的事实。其实苏州阊门外上、下塘布商贩棉布的范围远不止这些地区，京口、芜湖也常有他们的足迹。四方各地买来的土布，到苏州整染加工，从而获取更高的利润，干这类营生，恰是阊门外上、下塘的强项。当然不仅整染加工棉布，丝织绸缎亦在其列。极负盛名的吴江震泽苏经、浙江南浔生丝，都要运到这里来染色或制作成衣，然后发售至全国各地。查检明、清诸多笔记，我们知道这数百年间，边陲西南诸省，"虽僻远万里，然苏、杭新织种种文绮，吴中贵介未披而彼处先得"，五边宣府镇"贾店鳞比，苏杭罗缎各行交易，铺沿长四五里许"，河间府"贩缯者至自南京、苏州、临清"，陕西"绸帛资于江浙"……总而言之，江浙茧、丝、绵之所出，"四方咸取给焉，虽秦、晋、燕、周大贾，不远数千里而求罗绮缯币者，必走浙之东也"(明张瀚《松窗梦语》)；“近人以苏杭并称为繁华之都，而不知杭人不善营运，又僻在东隅。凡自四远贩运至者，抵杭停泊，必卸而运苏，开封出售，转发于杭，即嘉湖产丝，而绸缎纱绮，于苏大备，价颇不昂。若赴所出之地购之，价反增重，货且不美”(清纳兰常安《宦游笔记》)。

清代，各路从事丝绸贸易的客商云集苏城，在苏经销丝绸产品，绸商主要来自杭州、湖州、广东、南京、济宁、武安及吴江盛泽等地，杭州、湖州绸商还在苏州就地加工杭绸、湖绉等特色丝绸，而有些客商则专门在苏采购蚕丝及丝绸，如广商、京(南京)商在苏定制经线。在盛产丝绸的吴江盛泽镇，各绸庄为了“寓苏接办绸绫为业”，集资在水关桥建了“绸庄船埠”，人称“盛泽码头”。

苏州从事丝绸交易的牙商称“纱缎经纪”，绸缎商客与丝织机户“两者相须”，“此纱缎经纪所由设也”。清康熙十六年(1677)《苏州府饬花素缎业铺户按户给帖输税碑》，重申康熙元年(1664)的规定，花素缎行(牙行)“世业相承，按户给帖输税，毋容县胥市棍人等……借端滋扰”，对于“私行”(无官帖者)严究治罪，决不轻贷。碑尾列“花素缎行经纪”俞士定等19人。雍正元年(1723)《吴县纱缎业行规条约碑》厘定纱行、缎行的纱缎经纪行规，强调执帖经营“秉公守信”，“故商客托以银钱，无亏耗之忧，机户交以纱缎，而无侵蚀之虑”；还规定给帖一人执业，“止可传之子孙”，“兄弟婿侄等辈，不得在内越卖”；禁止同业者与机户行家的“弟兄亲戚，以及管账之人合伙合业”；若退出本行业，“应将原帖缴付行头”，原有印帖一旦缴出，不能再在行执业等，违者“公罚”。

苏州当时销售的丝绸种类繁多，杭绸、宁绸、湖绉、贡缎、濮院绸、震泽绸，远近各地特产，林林总总，包罗万象。甚至作为贡品的“汉府八丝”、妆蟒大缎、金银纱缎、宫绸，在上、下塘的店铺里也不乏其货。苏州的丝绸生产基地基本上集中在城东北，销售商却集中在城西，“东北半城，比户习织，其专业者不啻万家”，“商贾多聚于城西”（清顾炎武《天下郡国利病书》）。从苏州城西阊门贩出去的丝绸，遍及全国各地，还成为对外贸易的主要货物，南洋各国都喜爱中国的绸缎，并形成了这种面料最华贵的共识；朝鲜人也以着中国丝绸为荣，对中国丝织品历来特别欣赏，每年都要输入苏州宫纱、官纱、亮纱、纺绸、素罗、板绫、库缎数万匹；日本丝绸全仰中国供给，中国丝绸到了日本市场往往价翻十倍；菲律宾除了自己需要外，其最大的港口马尼拉还成了中国丝绸的贸易中转站，定期将大批中国丝绸运往大洋彼岸的墨西哥，再转至秘鲁、阿根廷、智利和南美大陆其他地区以及中美洲、加勒比海诸国。西班牙这个老牌殖民国，却成了中国丝绸的“殖民地”，中国丝绸占领了西班牙本土及其在世界上的所有殖民地，西班牙贵族如果没有一件中国丝绸衣服，将被上流社会耻笑，就连教会的牧师也争用中国的丝绸制作法衣，装饰教堂。西班牙本国的丝织品本来也是很不错的，但在中国丝绸面前，立即黯淡失色，备受冷落。丝绸为当时的中国挣来了可观的外汇收入，苏州作为丝绸集散中心，外国货币屡见不鲜，在市场上与本国钱币同样流通。

苏州所制的绫、罗、绸、缎，以宋锦、缂丝、漳缎、织金缎、闪缎、妆花缎、摹本缎、贡缎、天鹅绒、陀罗经被、百子被面等闻名遐迩，畅销海内外。这种丝绸外贸的强劲势头延至清末，苏州绸缎铺所经营丝绸品种，包括外地丝绸、进口丝绸，类别有“绸绉门：杭宁绸、苏镇宁绸、杭线绉、苏镇线绉、杭缎、苏宁缎、漳缎、围陀锦、板锦、绵绸、濮院绸、苏兴纱、香云纱、杭纱、杭罗春纱、杭纺线春、绉纱汗巾手帕、官纱葛纱、盛泽素绸、全织浆缎、裱绫、广东绸绉、川绸茧绸、拷绸、棉绸丝布、粗绵绸、倭绒、回绒、帽纬、丝线、丝带、粗丝绳、细丝绳、丝棉、绸估衣；绣货门：呢地绣货、缎地绣货、绸地绣货；洋货门（绸货）：各色洋线绉、洋红羽绫缎、各色羽绫缎、洋红花素羽纱、各色花素羽纱、东洋葛绉、东洋花素绉”（《苏松常镇太水旱各卡统捐税则划一捐章》）。

曹雪芹少年时期，曾在织造府里生活过，所以他对苏州丝绸十分熟悉，待到创作《红楼梦》，他把自己掌握的丝绸知识大量写进了这部巨著：从服装到饰品，从质地到工艺，从款式到色彩，从着装到情景，全方位展现了中华服饰文明。据统计，《红楼梦》全书前80回涉及服饰的有44回，173处；后40回有7回，38处。全书涉及服饰的共51回，主要分布在第3回（20处）、第6回（6处）、第8回（9处）、第49回（22处）、第51回（6处）、第52回（12处）、第63回（9处）、第70回（6处）等。

《红楼梦》服饰的用料，有“黄绫”“羽缎”“妆缎”“蟒缎”“月白纱”“羽纱”“大红洋绉”“撒花洋绉”“起花八团倭缎”“洋线番羓丝”“西洋布”“葛”“麻”“氆氇”“哆罗呢”“灰鼠皮”“白狐腋”“貂”“海龙”“凫靥”“雀金”“猞猁狲”“云狐”“羊皮”等，超过30种。除了麻、葛，其余皆是高档品。高档料子须用高级做工，“排穗”“缕金百蝶”“五彩刻丝”“二色金百蝶穿花”“五彩丝攒花结长穗”“锦边弹墨”“累丝嵌宝”“朝阳五凤挂珠”“赤金盘螭缨络”“簪缨银翅”“掐金挖云”“青金闪绿双环四合”“斗纹锦上添花洋线番羓丝”“貂颏满襟”“盘金彩绣”等，这些制衣工艺，大多闻所未闻，想来定然非常之难。难到什么程度，我们想象不出，还是拣几件《红楼梦》里的服饰，饱饱眼福算了。

贾宝玉上学时的服饰：“头上戴着束发嵌宝紫金冠，齐眉勒着二龙抢珠金抹额，一件二色金百碟穿花大红箭袖，束着五彩丝攒花结长穗官绦，外罩石青起花八团倭缎排穗褂，登着青缎粉底小朝靴。”林黛玉平日的装束：“身上穿着月白绣花小毛皮袄，加上银鼠坎肩，头上挽着随常云髻，簪上一支赤金扁簪，别无花朵，腰下系着杨妃色绣花绵裙。”宝钗的家常服：“蜜合色棉袄，玫瑰紫二色金银鼠比肩褂，葱黄绫棉裙。一色半新不旧，看去不觉奢华。”王熙凤的衣着：“头上戴着金丝八宝攒珠髻，绾着朝阳五凤挂珠钗，项上戴着赤金盘螭缨络圈，身上穿着缕金百碟穿花大红云缎窄肩袄，外罩五彩刻丝石青银鼠褂，下着翡翠撒花洋绉裙。”大丫鬟们穿什么呢？袭人：

"银红袄儿，青缎子背心，白绫细儿摺裙子。"鸳鸯："藕色绫袄，青缎掐牙背心，下面水绿裙子。"紫鹃："弹墨绫薄绵袄，外面只穿着青缎夹背心。"晴雯："红绫小袄。"

这里值得关注的是林黛玉和薛宝钗的穿着，一个穿"杨妃色绣花绵裙"，一个穿"蜜合色棉袄"，都是棉布的。林黛玉也有穿得很富贵的时候，如芦雪庵联诗时，她穿了"掐金挖云红香羊皮小靴，罩了一件大红羽绉面白狐狸里的鹤氅，系一条青金闪绿双环四合如意绦，上罩了雪帽"。薛宝钗身为"金陵四大家"之一的千金，贵重衣裳有的是，曹雪芹就让她穿过"莲青斗纹锦上添花洋线番羓丝的鹤氅"。只是为了塑造人物的需要，曹雪芹才让宝、黛两位大观园顶尖女性穿绵裙或棉袄，绵裙突出了林黛玉清雅孤傲的性格，棉袄与薛宝钗温柔随和的性格相一致，衬托了她的淑女风范。同时，曹雪芹无意间也向我们传递了一个信息，就是丝绸锦缎作为身份象征的意识，在清前期有了淡化的苗头，否则，林黛玉、薛宝钗穿棉布衣裙不会那么自如的。这种消费心理的变化，和丝绸产量的大幅提升带来的价格下降、丝绸买卖日益活跃带来的受众扩大、丝绸商号迅速增多带来的"触目可见""视之寻常"等现象都有直接关联。这些，又从另一侧面反映了清前期蚕桑丝绸生产的兴旺程度。

与丝绸影形不离的刺绣，在同一时期也获得了很大的发展空间。仅就苏绣而言，在苏州这片沃土上，苏绣成为一朵奇葩，发展为"四大名绣"之冠。

我们知道，中国是世界上最早养蚕缫丝的国家，太湖流域的蚕桑丝绸史，可以追溯到三皇五帝时代。蚕桑丝绸的生产，为苏绣的发展奠定了基础。苏州地区的先民，是水稻栽培的先驱者，以稻作为主的农耕民族，较之同时期北方狩猎的游牧民族，精耕细作的生产方式更容易让生活在这片土地上的人们趋向追求精致细腻的生活方式。“精”和“细”，成了吴地先民意识深处的烙印，世世代代传承下来。在这种世代传承的意识指导下，苏绣在长期的发展过程中，逐步完善了其精细雅洁的风格，攀上了几近臻美的艺术高峰。

2500年前，苏绣已经流行，这在汉刘向《说苑》里有明确记载。从他的记载，我们了解到春秋时期的吴国，绣艺已达到较高水平，绣衣已是较普遍的服饰。《三国志·吴志·蒋钦传》有“妻妾衣服，悉皆锦绣”之语，显示了三国时期苏绣无论数量、质量都已达到较为可观的程度。东吴国君孙权之妻赵夫人绣出的山川地势军阵图，可算作苏绣山水作品的萌芽。接下来出现于晋代的苏绣佛像，则是苏绣人像的滥觞。唐代的苏绣，开始以画家的优秀画作为稿本，并尝试绣诗文，“精微绣”也由此发端。宋代苏绣已有了欣赏性的绣品出现，1956年3月虎丘塔、1978年4月瑞光塔内发现的宋代苏绣实物，让我们看到苏绣发展到宋朝，其特色已相对固定。明代是苏绣发展史中极为重要的一个阶段，苏绣的风格在这一阶段得以最终确定，这个风格就是王鏊《姑苏志》中所说的“精细雅洁，称苏州绣”。文震亨《长物志》对苏绣的描述就更具体了：“针线细密，设色精妙，光彩射目，山水分远近之趣，楼阁得深邃之体，人物具瞻眺生动之情，花鸟极绰约嚵唼之态，佳者较画更胜。”明代苏州已是东南地区政治、经济、文化中心，商贸空前繁荣，唐寅《阊门即事》有形象的描述：“世间乐土是吴中，内有阊门更擅雄。翠袖三千楼上下，黄金百万水西东。五更市贾何曾绝，四远方言总不同。若使画师描作画，画师应道画难工。”市场对于苏绣的需求，极大地刺激了这种工艺品的商品化进程。可喜的是由于苏州拥有深厚的文化底蕴，商品化并未使苏绣的水平降低，苏绣水平反而有了进一步的提高。吴门画派的横空出世，昆曲的兴起，都对苏绣水平的提高起到了推动作用。“苏绣”这个概念，是在明代才被界定的，秀丽的图形、文雅的色彩、细密又活泼多变的针法、整洁的绣面是其特征。从那时开始，苏绣将吴文化艺术的丰富内涵展示在世人面前。任何一幅苏绣作品，人们一眼看到，就能很容易地将它与其他地区的绣品区分开来。

清代，苏绣已成为苏州大部分地区的家庭手工业，《苏州府志》就记载过这么一位精于绣艺的家庭妇女：“席永敬妻诸葛氏，年十五于归，事孀姑尽孝。永敬日玩《周易》，氏乃绣《河图洛书》《九宫八卦》诸图，经纬巧密。”民间苏绣丰富多彩，广泛用于服饰、戏衣、被面、枕套、帐幔、靠垫、鞋面、香包、扇袋等方面。这些苏绣生活用品不仅针法多样、绣工精细、配色秀雅，而且图案花纹含有喜庆、长寿、吉祥之意，深受群众喜爱。苏绣还成了大家闺秀的必修课，《红楼梦》第五十三回写到："原来绣这璎珞的也是个姑苏女子，名唤慧娘。因她亦是书香宦门之家，她原精于书画，不过偶然绣一两件针线作耍，并非市卖之物。凡这屏上所绣的花卉，皆仿的是唐、宋、元、明各名家的折枝花卉。故其格式配色皆从雅，本来非一味浓艳匠工可比；每一枝花侧皆用古人题此花之旧句，或诗词歌赋不一，皆用黑绒绣出草字来，且字迹勾踢、转折、轻重、连断皆与笔草无异。"慧娘的绣品，透出了苏绣艺术的神韵。出自这类绣女的作品，被称为"闺阁绣"，属于高档欣赏品。钱慧、曹墨琴、杨卯君、沈关关、丁佩、薛文华等人，都是名震一时、留名史册的闺阁绣高手。清代是苏绣的全盛时期，因此，苏州被称为"绣市"。清代苏绣继承了前代的长处，又有开拓，图案秀丽、构思巧妙、绣工细致、针法活泼、色彩清雅、风格独特，地方特色浓郁。

清代苏绣名手竞秀，流派繁衍，清中晚期涌现出华基、唐义真、李佩敝、蔡群秀、张应秀、金静芬等一大批著名苏绣艺人，尤以沈云芝最为闻名。光绪三十年（1904），慈禧七十寿辰，沈云芝绣了佛像等八幅作品祝寿，慈禧对绣品倍加赞赏，书写"寿""福"两字，分赐给沈云芝和她的丈夫余觉，从此沈云芝改名沈寿。沈寿所创"仿真绣"，掀开了苏绣崭新的一页，对中国刺绣具有划时代意义。至此，苏绣"平、齐、细、密、和、光、顺、匀"的特点完全形成。"平"指绣面平展；"齐"指图案边缘齐整；"细"指用针细巧，绣线精细；"密"指线条排列紧凑，不露针迹；"和"指设色适宜；"光"指色泽鲜明，光彩夺目；“顺”指丝理圆转自如；“匀”指线条精细均匀，疏密一致。这“八字诀”，将苏绣推向了极致。

“落霞与孤鹜齐飞，秋水共长天一色”，王勃《滕王阁序》里的这一名句，以落霞、孤鹜、秋水和长天四个景象勾勒出一幅宁静致远的画面，历来被奉为写景的精妙绝辞，广为传诵。借用这一名句来形容清代丝绸和刺绣的关系，也是很贴切的。

桑梓乡里说蚕俗

桑梓温恭名教始，天涯何处不家江？

桑梓人家，是个非常温馨的名称。温馨首先来自这里的一棵棵桑树，因为有了桑，养蚕缫丝才有了保障。有了蚕丝等织物，我们的先民才有了“衣”。而房屋，溯其本源，则是衣对于人体遮护作用的扩大。“无墙不称屋”，墙是屋的衣。从这个角度看，正是因为有了衣，方有了家。古代人们喜欢在住宅周围栽植桑树和梓树，植桑为养蚕，种梓为照明。梓树的种子外面有一层白色的蜡，近代以前蜡烛上的蜡都是从梓树的种子获得的。“桑梓”这个词，源于《诗经·小雅·小弁》“维桑与梓，必恭敬止”，意思是家乡的桑树和梓树为父母所种，对其要保持敬意，后人就用来比喻故乡，且歌咏之，如汉张衡《南都赋》有“永世克孝，怀桑梓焉”，晋袁宏《后汉纪》有“中国者，先王之桑梓也”，南朝宋鲍照《从过旧宫诗》有“严恭履桑梓，加敬览枌榆”，唐柳宗元《闻黄鹂》有“乡禽何事亦来此，令我生心忆桑梓”，宋释师范《送无相和尚归乡》有“同名同号同桑梓，同住江湖亡彼此”，元许有孚有“说桑梓光阴，松筠节操，岁岁有欢趣”，明高启有“对案未能食，历历问桑梓”，清龚自珍有“桑梓温恭名教始，天涯何处不家江”……历朝历代，这类诗词文章太多太多，桑梓情结是任何人也割舍不了的。

苏州地处太湖流域，是最适宜植桑的地区，所以苏州农村几乎家家种桑养蚕。清金友理《太湖备考》有：“以蚕桑为务，地多植桑。凡女未及笄，即习育蚕”。古代男子20岁束发而冠，女子15岁束发而笄，表示成年。笄，束发用的簪子。“年已及笄”指已到了可以结婚的年龄，即《仪礼·士昏礼》所说：“女子许嫁，笄而醴之，称字”。蚕家女儿自幼就在母亲的悉心指导下，学会养蚕缫丝的技艺，女儿出阁，要把娴熟自如的技艺带到婆家，才能讨得婆母欢心。蚕桑生产周期短，收效大，江南有“四十五天见茧白”“桑是摇钱树，蚕是聚宝盆”“上半年靠蚕茧，下半年靠种田”“春茧半年粮”“养蚕赚白银，种田吃白米”等农谚，可见蚕桑在农村的重要性。明末清初的张履祥在《补农书》中通过计算得出结论，同样一块地，用于栽桑养蚕比用于种稻麦，收益要高出四五倍乃至十几倍。养蚕是由妇女承担的，元赵孟頫《题耕织图二十四首奉懿旨撰》说得很清楚：“釜下烧桑柴，取茧投釜中。纤纤女儿手，抽丝疾如风。田家五六月，绿树阴相蒙。但闻缫车响，远接村西东。旬日可经绢，弗忧杼轴空。妇人能蚕桑，家道当不穷。更望时雨足，二麦亦稍丰。酤酒田家饮，醉倒妪与翁。”既然蚕桑对农户的经济如此重要，妇女在家庭中的地位也就高了，在苏州农村，重男轻女的传统观念，比其他地区相对要淡薄得多。

南朝宋范晔《后汉书·烈女传》：“羊子尝行路，得遗金一饼，还以与妻。妻曰：‘妾闻志士不饮盗泉之水，廉者不受嗟来之食，况拾遗求利，以污其行乎！’羊子大惭，乃捐金于野，而远寻师学。一年来归，妻跪问其故，羊子曰：‘久行怀思，无它异也。’妻乃引刀趋机而言曰：‘此织生自蚕茧，成于机杼。一丝而累，以至于寸，累寸不已，遂成丈匹。今若断斯织也，则捐失成功，稽废时日。夫子积学，当日知其所亡，以就懿德。若中道而归，何异断斯织乎？’羊子感其言，复还终业，遂七年不返。”东汉时乐羊子的妻子用“断机杼”的方式，启发、激励丈夫，使他幡然醒悟，并奋发图强，终于学有所成，当上了将军，为国家征战千里，攻城略地，建立了一番伟业。这个故事告诉我们，乐羊子妻在家中是很有发言权的，可以经常教育丈夫。她为何这么有底气？因为养蚕织丝，是家庭经济的主要来源。

苏州高新区通安镇有个傍太湖的小村庄，清朝晚期，村上有个姚郎中，一天，姚郎中搭船到一个小岛上去出诊，遇到狂风暴雨，船翻人亡。姚郎中有个独生女，名叫乖女，这年十六岁。从此，乖女用了一辈子时间养蚕织绸，卖绸的钱她一文一文地攒在瓦罐里，攒了一罐又一罐。乖女六十岁时，身体垮了，她预感自己大限将至，便把全村人请来，敲碎了所有瓦罐，一大堆长了铜绿的铜钱呈现在乡亲面前。乖女说：“我想用这些钱造一条船，一条结结实实的大船，太湖的大风浪也打不翻的大船。我的爹淹死在了太湖里，还有不少人也因为小船经不起风浪而丢了性命。总是有人要过太湖的，载客过太湖的都是小渔舟，我不想以后再有人淹死，所以，我要造一艘扛得住风浪的大船，用来做航船，保旅客平安。我把这一世积的钱统统拿出来，请大家推选几个人，帮我完成一生的心愿。我不知道这些钱够不够造一条大船，假如还缺些，只能请大家捐一点了，我已经没有力气再赚钱，没有时间再积钱了。”

说完，乖女合上了眼，坐在一张破藤椅上，安详地“走”了。

全村人无一不受震撼，当即决定必须建造出乖女想要的大船来。后来的两个月，全村人有钱出钱，有力出力，加上乖女提供的资金，造出了一艘非常漂亮、特别坚固的航船。村里最好的船老大受全村人委托，做了这艘航船的船佬儿。同时，人们将这个村改名为“航船浜村”。

这个故事，一向是作为做善事的例子来讲的，但若进行深层次地探讨，不妨看作蚕妇发言权扩大到了社会公共事务上。如果做后一种理解，它的意义就大得多了。

苏州农村在饲养家蚕上，分“头蚕”和“二蚕”两季，相当于现在的春蚕和夏蚕。春蚕季节称为“上忙”，稻作季节称为“下忙”，南宋苏州诗人范成大《乡村四月》，形象生动地描绘了这两个季节的农事：“绿遍山原白满川，子规声里雨如烟。乡村四月闲人少，才了蚕桑又插田。”蚕稻两作，是小农经济状态下江南水乡生活的两条“输血管”，掐断其中任何一条，农村就成一潭死水。农村丧失了生机，整个社会也就崩塌了。所以，千百年来，苏州农家重视蚕事，从未懈怠。

千百年的蚕桑史，对民俗风情产生了极大的影响。唐王建《簇蚕辞》："蚕欲老，箔头作茧丝皓皓。场宽地高风日多，不向中庭晒蒿草。神蚕急作莫悠扬，年来为尔祭神桑。但得青天不下雨，上无苍蝇下无鼠。新妇拜簇愿茧稠，女洒桃浆男打鼓。三日开箔雪团团，先将新茧送县官。已闻乡里催织作，去与谁人衣上著。"写的就是一千多年前的蚕桑习俗。采桑、养蚕、缫丝、织绸与染织及其传说、习俗等构成的桑蚕文化，与稻作文化一起，标志着农耕文明的成熟，是汉农耕文化的主体。在漫漫历史长河中，蚕桑文化对政治经济、社会组织、哲学宗教、文化艺术、生产生活等产生了重大影响，成为中华浩瀚民族文化的重要内容，对世界物质文明和精神文明做出了重要贡献。

明清时期是蚕桑丝绸的高速发展的时期，蚕桑习俗更加丰富多彩。苏州农村每年三四月为蚕月，蚕室内要掸尘刷墙，家家要闭户，停止一切交往，谓之"关蚕门"。《太湖备考》："三四月谓之蚕月，家家闭户，不相往来。"关蚕门后的第一件事，是孵蚕蚁。刚孵化的幼蚕，体小如蚁，故称蚕蚁。旧时孵蚕蚁的方法，大多是将蚕种放在蚕娘胸口，蚕娘穿着厚厚的衣裳，再盖上被子，焐个三四天。孵蚕蚁时蚕娘必须少言寡语，孤眠净身，消除杂念，人们不可打扰她。从孵蚕蚁到蚕结茧，蚕妇全程小心侍候，半点疏忽不得。《吴县志》（民国）对这个过程有详细叙述："蚕有节目，其初收也，以衣衾覆之，昼夜程其寒暖之节，不得使过，过则有伤，是为护种。其初生也，则火炙桃叶散其上，候其蠕蠕而动，濈濈而食，然后以鹅羽拂之，是为拂乌蚝。其既食也，乃炽炭于筐下，开其四围剉桑叶如缕者而食之，又上下抽番昼夜巡视，火不可烈，叶不可缺，火烈而叶缺，则蚕饥而伤火，致病之源也，然又不可太缓，缓则有漫漶不齐之患。编经曰蚕荐，用以围火，恐其气之散也。束秸曰叶墩，用以承刀，悉其声之著也。是为看火食三四日而眠，眠则适，眠一二日而起，起则食委，是谓初眠，自初而之二，自二而之三，其法尽同，而用力益劳，为务益广，是为出火。盖自此蚕离于火而叶不资于刀矣。又四五日为大起，大起则剃，剃则分箔，剃早则足伤而丝不光荣，剃迟则气蒸而蚕多湿疾。又六七日为熟，巧为登蔟，巧为叶盖，曰贴，巧验其犹食者也。簇以槁木覆曰冒山，济其不及者也。风雨而寒则贮火其下曰炙山，晴暖则否，三日而辟户曰亮山，五日而去藉曰除托，七日而采茧曰落山。落山之后，或盈筐满篋，持往市廛求售，或炙抽丝藏诸箱笥以待时，各从其便云。”

养蚕就是这样辛苦，但蚕娘总是累且快活着，因为蚕茧会回报她们。有首儿歌叫《蚕姑娘》，就是用轻快活泼的口吻来讲辛劳的养蚕过程的：“春天天气暖洋洋，蚕卵里钻出蚕姑娘。又黑又小的蚕姑娘，吃了几天桑叶，就睡在蚕床上，不吃也不动，脱下黑衣裳。醒了，醒了，变成黄姑娘。又黄又瘦的蚕姑娘，吃了几天桑叶，又睡在蚕床上，不吃也不动，脱下黄衣裳。醒了，醒了，变成白姑娘。又白又嫩的蚕姑娘，吃了几天桑叶，又睡在蚕床上，不吃也不动，脱下旧衣裳，换上新衣裳。醒了，醒了，从此一天天发胖。又白又胖的蚕姑娘，吃了几天桑叶，又睡在蚕床上，不吃也不动，脱下旧衣裳，换上新衣裳。醒了，醒了，从此一天天发亮。睡了四回的蚕姑娘，吃了几天的桑叶，就爬到蚕山上，吐出丝儿来，盖间新的房。成了，成了，茧子真漂亮。"

结茧以后，乡间邻里开始恢复串门，称为"开蚕门"。此时蚕娘对收成已有了一定的把握，蚕月大忙，总算有了希望，往往要炒几个菜，邀请亲友邻舍来喝个小酒，相互庆贺。

喝酒是男人的事，蚕娘们表示快活心情的方式是"戴蚕花"，用红纸折剪成纸花，形如月季或玉兰，插在双鬓上，或者到庙会上买些专门的绢花来做发饰。蚕乡民谣："三月三，庙门开，乡下蚕娘出门来，东亦逛、西亦颠，轧朵蚕花回家来。"成群结队的蚕娘头戴蚕花，坐在船上从庙会回村，岸上有众多围观者，热闹非凡。人多就挤，苏州人称"挤"为"轧"，这就形成了吴地特有的"轧蚕花"习俗。相传，"轧蚕花"始于春秋吴国，西施原是苎罗江上浣纱女，也养过蚕缫过丝的，对蚕桑丝绸很有感情。到吴国后，每逢蚕季，她都要拉着吴王夫差，泛舟太湖，看看沿湖农家蚕养得怎样。她每到一村，都要将亲自剪的蚕花分送给蚕妇，预祝蚕茧丰收。从那时起，吴地蚕妇就有了戴蚕花的爱好，相沿成习，终为风尚。清朱恒《竹枝词》："小年朝过便焚香，礼拜观音渡海航。剪得纸花双鬓插，满头春色压蚕娘。"描述的正是蚕娘戴蚕花的情景。

与民间信仰相关的蚕俗很多，如除夕夜的“点蚕花灯”“呼蚕花”，大年初一上午的“困蚕花”，腊月二十五日或正月十五的“烧田蚕”等。点蚕花灯：吃过年夜饭，孩子手持小灯笼，跑到外面将传说中的“蚕花娘娘”迎回家来。呼蚕花：除夕夜关门时要念期望明年蚕茧丰收的词。困蚕花：蚕妇这天要睡懒觉，起床特别迟。烧田蚕：在田边燃火炬的群体性活动，旨在祈求来年田之稻谷和蚕之茧丝丰收。清顾禄《清嘉录》：“焰高者稔”，是以火焰高低占是否丰收。南宋范成大《照田蚕词》诗引：“与烧火盆同日，村落则以秃帚若麻秸竹枝辈燃火炬，缚长竿之杪以照田，烂然遍野，以祈丝谷。”其诗更为形象：“乡村腊月二十五，长竿燃炬照南亩。近似云开森列星，远如风起飘流萤。今春雨雹茧丝少，秋日雷鸣稻堆小。侬家今夜火最明，的知新岁田蚕好。”

此外，还有赞蚕花、扎蚕花、接蚕花、撒蚕花、蚕花榜等习俗。其中十分重要的一项是拜蚕神，祈求神灵保佑蚕事一切顺利，出茧丰收。每年农历正月初八，人们到蚕神庙、蚕神殿、嫘祖庙等地，烧香点蜡、挂红放炮，祭奠蚕神，祈求来年风调雨顺、六畜兴旺、人丁平安、蚕事顺遂。传说在正月初八蚕过年时，妇女不能用针线，否则蚕的眼睛会瞎。蚕神除嫘祖外，各地所祭拜的还有“蚕母”“蚕花娘娘”“蚕三姑”“蚕花五圣”“青衣神”等。苏州蚕农多数供蚕花娘娘，即马头娘。马头娘的形象是一个骑马的村姑，农历腊月十二为马头娘生日，又称蚕生日。这一日和大年初八及“关蚕门”前，蚕农都要拜祭她。蚕生日这天，蚕农用“茧圆”（糯米粉掺老南瓜糊做的蚕茧形状的圆子）和甘蔗、橘子供于灶山上，点燃香烛，取出收藏的蚕种，撒些盐粒，包好继续藏妥，十天后再取出，抖去盐粒，用水冲洗干净，晾在通风背光处，次年谷雨前后就可孵化小蚕了。“浴罢清明桃柳汤，蚕乌落纸细芒芒。阿婆把秤秤多少，够数今年养几筐？”这首竹枝词写的便是此俗。

养蚕时禁忌甚多。《务本新书》载蚕之杂忌有：“忌食湿叶，忌食热叶。蚕初生时，忌屋内扫尘。忌煎鱼肉。不得将烟火纸捻于蚕房内吹灭。忌侧近舂捣。忌敲击门、窗、槌、箔及有声之物。忌蚕屋内哭泣、叫唤。忌秽语淫辞。夜间无令灯火光忽射蚕屋窗孔。未满月产妇，不宜作蚕母。蚕母不得频换颜色衣服，手要洁净常洗。忌带酒人切桑饲蚕及抬解、布蚕。蚕生至老，大忌烟熏。不得放刀于灶上、箔上。灶前忌热汤拨灰。忌产妇、孝子入家。忌烧皮、毛、乱发。忌酒、醋、五辛、羶、腥、麝香等物。”文中所禁多合科学道理，现在蚕乡也有此类禁忌。蚕农还有许多语言禁忌，如忌“亮”“酱”“姜”字，因亮蚕、僵蚕（“酱”“姜”“僵”谐音）是蚕病；忌说“四”，因“四”“死”谐音；忌说“笋”，因“笋”“损”音同，等等。清陈梓《养蚕词》：“掘笋不叫笋，叫笋蚕要损；吃姜勿唤姜，唤姜蚕要僵。”那么，笋、姜怎么叫呢？笋改称“钻天”，姜改称“辣供”，其余犯忌的词也统统用吉祥的词替代。不是蚕乡的人听了，一头雾水。但地方文化学者却把这些蚕桑语言禁忌当宝一样搜集起来，加以研究，从中挖掘出蚕乡的风情与社会的变迁。

古代，蚕神有着重要的地位。旧时，祭拜蚕神的祠庙在江浙蚕区比比皆是，随着时代变迁，这些祠庙基本消失，苏州就剩盛泽的一座了。盛泽先蚕祠又名蚕花殿或蚕皇殿，始建于清道光二十年（1840），为盛泽丝业商人共建，迄今已经有170余年历史，2013年5月被列为全国重点文物保护单位。该祠为古典庙堂式建筑，正面门楼飞檐斗拱，气势不凡。旁边是八字形清水砖壁，朴素雅洁，往前过栅门是小广场，原是香客集散处。三座拱门正中竖匾为祠名，两侧上方分别书写“织云”和“绣锦”，是当年盛泽丝绸业繁荣的写照。门楼的不远处是戏楼，戏楼两侧与厢楼相通，戏台朝北，下面的石板广场延至正殿前，场地开阔，可容万人。正殿雄伟高敞，供奉轩辕、神农和嫘祖三座塑像，殿上有“先蚕遗泽”“衣被苍生”两块匾额，以表蚕神嫘祖的功绩。正殿西南是三上三下的议事厅，晚清民国年间盛泽有大小丝行近百家，从业者千人，可以想象当时之盛况。议事厅前有水池曲桥，亭榭回廊，树石花卉，幽雅清逸，别有洞天。过去蚕月到来之前，乡民都要到先蚕祠祭拜，祈求神灵保佑，取得蚕茧丰收。这时，丝业公所总要请戏班来演戏，一般连演三天，称“小满戏”，第一天一般上演昆剧，第二天（正日）及第三天则是京剧，均邀请江南名班名伶登台。剧目都是丝业公所头面人物点定的，上演的都是祥瑞戏，讨个吉利。凡剧情中有私生子或死人情节的戏目绝对禁演，因“死”“私”与“丝”谐音，要避讳。

苏州城内现在找不到先蚕祠这类专门祭祀蚕神的庙宇了，

但祥符寺巷里有一座轩辕宫，又名仙机道院，始建于北宋元丰（1078—1094）初，以祭黄帝。清乾隆五十七年（1792）重建，坐北朝南，两路四进，增嫘祖塑像，与黄帝并祀。东路临街门楼额“为章于天”，系晚清思想家、林则徐门生、道光二十年进士冯桂芬所题。同治元年（1862）前后，在轩辕宫东侧建云锦公所，为纱缎业行会组织。

玄妙观机房殿，也是丝织工匠祭祀黄帝、嫘祖的场所。玄妙观创建于西晋咸宁二年（276），元代元贞元年（1295），丝织业在观内建机业公所，明英宗正统年间（1435—1449），机业公所在三茅殿地基上建机房殿，葛成曾在这里指挥织工抗税。这个传统延续到清代，雍正年间机匠（织工）和机户（老板）因工价问题引发了叫歇事件。叫歇，苏州话，即罢工。机匠集体叫歇震动了官府，于是在玄妙观机房殿内立《长洲县奉各宪永禁机匠叫歇碑》。此碑对于中国资本主义萌芽的研究有着重要意义，其碑文被选为中国历史博物馆陈列展品。

五千年未有之大变局中的蚕桑

唐宋元明都不管，自成模范铸诗才。
须从旧锦翻新样，勿以今魂托古胎。

丁丑八月朔日

清末，江南蚕桑出现了一件大事，那就是蚕桑教育的兴办。自有蚕桑5000年，这还是第一回。李鸿章在同治年间（1862—1874）说过一句至今仍被屡屡引用的话：“三千年未有之大变局。”三千年，指西周开国到李鸿章这个时代有三千年。从西周开国一直到晚清经过了多少朝代的更替，中国始终没有跳出农业文明的藩篱，也就是说，实质上没有变。中国不变，世界变了，1840年英国基本完成工业革命，1861年俄国开始实行农奴制改革，1865年美国打完了南北战争，1868年日本开始明治维新，整个世界都在向近代化迈进。李鸿章这话，是针对世界和中国的现状说的，此话一出，预示着古老的中国也不得不变了，于是有了洋务运动。蚕桑教育的兴办正是在这个大背景下发生的，蚕桑也在跟着时代的步伐前进。光绪二十七年（1901）江南蚕桑学堂在南京成立，这是江苏培养蚕桑技术人才最早的学校，后并入江南高等实业学堂。光绪二十九年（1903），著名报人、《申报》总经理史量才在上海高昌庙桂墅创办私立女子蚕桑学堂，开中国女子蚕业教育之先河，该校于宣统三年（1911）改为公立，次年迁至苏州浒墅关，改名为江苏省立女子蚕业学校。

甲午一战，北洋水师全军覆没，李鸿章苦心经营数十载的老本赔光，历时35年的洋务运动宣告破产。但是，洋务运动期间建立起来的新式教育、近代轻工业等，并未随之消亡，而是继续发展，蚕桑丝织和蚕桑教育也是如此。进入民国，国民政府倡导发展蚕桑生产，省、县地方政府都设有主管实业的机关，掌管蚕桑技术的推广和改进工作，同时大力推进蚕业教育和科研，开办蚕种场，设立茧行，促进蚕桑生产的恢复和发展。于是，浒墅关的江苏省立女子蚕业学校（简称“女蚕校”）进入了公众的视野。

提到浒墅关，提到女蚕校，必然就会记起两人：郑辟疆和费达生。郑辟疆（1880—1969），吴江人。父亲郑雍，儒生兼医生，家境清贫。母亲张仪贞，织绸能手，以卖绸收入贴补家用。郑辟疆幼年是在母亲织机旁度过的，小心灵里落下了热爱蚕桑丝绸的种子。他的家乡盛泽镇，素称“丝绸之乡”，经济十分繁盛，可是到了19世纪中叶，因固守陈规、技术落后，所产丝绸在市场竞争中屡屡败于西方资本主义的产品，盛泽镇因之由盛变衰，这对少年郑辟疆刺激很大。他想学习新技术，振兴丝织，振兴家乡，却拿不出学杂膳宿费用，愁得他不知如何是好。1898年初夏，郑辟疆看到《申报》上登的杭州蚕学馆的招生广告，说学员录取后试读三个月，成绩优良者学膳费全免。郑辟疆立即登上轮船启程去杭州赴考，船过乌镇，遇上大雾，只得就地抛锚停航。郑辟疆心急如焚，步行赶往杭州，抵达时天已漆黑，考试早已在下午结束了。郑辟疆一下子瘫坐在蚕学馆门前台阶上放声大哭，哭声惊动了老校长，老校长出来问明情由后，破格录取了他。

1902年，郑辟疆在杭州蚕学馆毕业。由于他刻苦好学，成绩优良，被派往日本，进了长崎农林高等专科学校攻读蚕丝科。赴日留学前后，郑辟疆与我国知识界进步人士黄炎培、史量才、王尧钦、费迈枢、费璞安等交往甚密，他受到他们“实业救国”“职业教育”等思想的影响，坚定了振兴实业，富国强民的信念。蚕丝业在国民经济中占重要地位，而在20世纪初，日本生丝年出口额达8万公担（1公担为100千克），中国仅5万公担，这样的对比数字使郑辟疆认识到必须奋起直追，改变我国蚕丝业的落后状态。振兴蚕丝业须先加强蚕桑教育，培养实干人才，献身我国蚕桑丝绸教育的志向，在郑辟疆心里扎了根。

据说，在留学的日子里，郑辟疆寄宿于一位兼营蚕种的蚕农家。郑辟疆利用课余时间和节假日协助老房东进行育种和培桑试验，经过反复试验，终于育成了一种成熟快、个体大的新原种蚕种和生命力旺盛、极易栽活的山地桑。三年一晃而过，到了郑辟疆学成归国的时候，老房东要付给郑辟疆辛勤帮工的酬金，郑辟疆婉言谢绝了，只希望携一张蚕种、两株山桑回国。老房东有心允诺，但日本国为了垄断国际丝绸市场，绝对禁止蚕种出口，携蚕种、桑株无法通过海关。两人商量了半夜，想出了一个办法：郑辟疆启程那天，老房东将他送到海关检查所，送了他一筐苹果和一根竹手杖。检查官没查出异样，放郑辟疆上了海轮。其实，装苹果的筐子是用良种山桑枝条编成的，而手杖的竹管里卷着的是一张原种蚕种。郑辟疆带回国的蚕种和桑枝条，因水土原因，实际用途并不大，主要是用来时常看看，勉励自己在这条路上继续走下去。

归国后，郑辟疆先后在山东青州蚕丝学堂、山东省立农业专门学校任教，并以日本蚕丝科学技术的新成就，结合我国实际情况，编纂了《桑树栽培》《蚕体生理》《养蚕法》《蚕体解剖》《蚕体病理》《制丝学》《蚕丝概论》和《土壤肥料论》等教科书，这些书因立意新颖，内容精邃，图文并茂，深得各蚕校、农校的欢迎，至1928年重版达10余次之多，是我国蚕丝教育最早的系统性教科书。1912年，郑辟疆应史量才邀请，任浒墅关女蚕校校长。

郑辟疆依照自己的办学理念，除了抓紧课堂教学，还很重视课外活动。礼拜天，他常带学生去做田野调查。当时农村还是土法养蚕，蚕病蔓延，女蚕校特地成立了推广部，组织学生到农村宣传科学养蚕技术，女学生费达生最积极，成了郑校长的得力助手。1922年春，郑辟疆带领女蚕校师生来到吴江开弦弓村，正赶上嫘祖娘娘庙的庙会，庙场上搭着两座戏台，台下挤满了密密麻麻的人群。他们就演新剧推广新蚕种。一个戏台上演的是绍兴戏《箍桶记》,另一个戏台上则是师生在演自编的新剧《嫘祖显灵》,宣传新蚕种和科学防治蚕病,新剧很快就吸引了乡亲们,看绍兴戏的都跑到这边戏台了。

《嫘祖显灵》的内容是:女蚕校一位学生下乡踏青,正逢蚕乡庙会,见一个白发苍苍的老蚕妇跪在嫘祖娘娘神像前,祈祷蚕事吉利丰盛。学生沉思片刻,当即拟了一首《养蚕经》,写在红纸上,折成长方形,趁老蚕妇尚在低头祈祷之际,暗暗地放置在香炉座下。老蚕妇起身焚香,看到压在香炉座下的红纸,好奇地取在手中,环顾四周,发现站在不远处有位学生从屏门背后走出来,便请他断文释义。学生装模作样把红纸上的字琢磨了半晌,煞有介事地讲解道:"嫘祖娘娘关照,你家蚕屋四周要撒遍石灰,蚕匾蚕架则要放在七石大缸里煮……"老蚕妇听了笃信不疑,回去照办。那季蚕由于消毒彻底,没有发生蚕病,茧质好,产量高。老蚕妇高兴地逢人便说:"这是嫘祖娘娘显灵,赐的仙术良法!"四乡八村都被这件嫘祖娘娘显灵的奇闻轰动了,都来向老蚕妇讨教。这时那位学生再次现身,当众道破了这件奇闻的奥秘,老蚕妇恍然大悟,众乡亲得知实情,纷纷要求学生传授科学养蚕知识。从此,那一带蚕乡养蚕时注重消毒灭菌,效果显著。

自从女蚕校在开弦弓村推广新蚕种之后,蚕农对杂交蚕种需求量大幅增长,郑辟疆、费达生等师生筹款12000元,利用蚕校南河岸官荒地,建成大有蚕种场。"大有",意即大家都有。蚕种场开办时间在丙寅虎年，浒墅关古名“虎疁”，优良蚕种又能使我国蚕丝工业如虎添翼，综合这三个因素，郑辟疆等人注册了“虎牌”商标。开办当年，就制得“春种”12000张，深受蚕农欢迎。第二年，大有蚕种场资金扩大至30000多元，在昆山大西门外创办了大有二场，试制“秋种”8000张，引导蚕农打破旧传统，增养秋蚕。这样一来，原已供应紧张的改良蚕种更供不应求，于是在1927年秋后，在嘉兴王店又创大有三场；1930年大有六场创于宜兴芳桥；1931年大有四场创于浒墅关镇北金鸡乡；大有五场创于武进漕桥；大有七场、八场、九场、十场、十一场分别设在无锡后宅、嘉兴栅堰桥、南浔、德清状元厅、安徽青阳木镇。到1934年，浒墅关庵桥头设大有总场，下有11处大有分场，牌号均为虎牌商标。自1926年苏州浒墅关镇上诞生第一张“虎牌”蚕种，至1948年的这22年中，大有蚕种场共计发展到12家大、中规模的制种场，资金总额增长了50倍之多，虎牌蚕种遍布大江南北、海峡两岸。

郑辟疆、费达生为蚕桑事业共同努力，并肩奋斗数十年，感情愈积愈深厚，到晚年喜结连理。费达生的胞弟、著名社会学家费孝通教授讲得好：“我姐姐接受了郑先生精神上的熏陶，把中国蚕丝业的改革作为自己一生的责任。……把个人的打算全部从属于事业的需要。”“缕缕青丝吐不尽”，郑辟疆与费达生这两位中国现代蚕桑教育奠基者，留给我们的正是这种精神。

在江苏省立女子蚕业学校和大有蚕种场带动下，至民国二十年（1931），江苏省境内共有官办、学校办、丝厂办、私人办、洋商办等各类型的专业蚕种场115家，全年制种量250万张左右。全省蚕区逐步扩大，据江苏省农矿厅民国十八年（1929）至二十年（1931）调查统计，在全省61个县中有44个县有蚕桑生产，共有桑园面积110万余亩，蚕茧年产量3.2825万吨；蚕区各地普设茧行，全省开设茧行1315家，共有烘茧灶14915乘，均为江苏历史上有统计数字记载以来之最。教育领域，有苏州农校、淮阴农校、宜兴农校、镇江女职、丹阳正则职校等中等农业职业学校设立的蚕桑科，还有东南大学、金陵大学设立的蚕桑系或蚕桑讲习科，为江苏蚕业的改进和发展培育了人才。科研方面，有江苏省农矿厅于民国六年（1917）设立在扬州的江苏省蚕桑模范场，民国七年（1918）在无锡设立的江苏省育蚕试验所，民国二十年（1931），南京中央农业实验所设蚕桑系，开展科学试验研究。而苏州，在20世纪初至30年代，蚕桑的发展始终处于前列。由于蚕桑、蚕种的不断改良、优化，再加上电力织机的普遍推广及人造丝等新原料运用，这个时期苏州丝绸业产销两旺，势头强劲，至1937年全面抗战前夕，苏州有绸厂93家、纱缎庄77家、绸布店近60家，年产销绸缎28.8万匹。主要产品有塔夫绸、古香缎、织锦缎、乔其丝绒、毛葛、双管绡、博士呢、碧绉、锦地绉、软缎、中华缎等100余种。苏州丝绸制作精良，质量上乘，花色繁多，具有地方特色，是民国时期出口的主要工业品，也是享誉世界的中国代表性工业产品。如果不是日本军国主义侵华，犯下滔天罪恶，对中国造成了难以估量的破坏和损失，蚕桑生产的发展进程也被打断的话，苏州的蚕桑丝绸发展，早已是灿若云锦，绚似霓裳了。

20世纪30年代前后是苏州蚕桑丝绸的辉煌岁月，苏州织造府无缘感受，因为它随着宣统逊位而寿终正寝了。然而，浒墅关女子蚕业学校也好，虎牌蚕种也罢，和苏州织造府的关系是割不断的。倘若没有苏州织造府巩固苏州作为江南丝绸中心的地位，民国蚕桑革新派精英、蚕丝教育界代表人物未必选择苏州来作为创业基地；而民国蚕桑丝绸取得的成就，又进一步夯实了苏州丝绸的地位，为日后苏州织造府以另一种面貌的重生创造了条件。

“丝绸业的发展，改变了苏州城市的社会结构。劳动生产者分化的不断加剧，各种矛盾的交织，在互相对立和互相依存之中逐渐衍化出各种新的社会阶层和社会群体。在全社会的观念形态上，逐步改变了中国封建社会士、农、工、商的社会等级序列，使传统的社会价值体系开始动摇。在思想意识领域，集中体现出了中国市民阶层意识的增强，开始出现了中国最早以朦胧民主思想为核心的启蒙思潮。在劳动关系中，逐步形成了以资本组合为特点的劳资关系，导致了中国新一代产业工人的出现，为近代民族工业的发展奠定了坚实的基础。丝绸业的发展，不仅引发了资本主义生产方式的出现，同时也扩大与带动了苏州其他行业和整个社会的发展，使苏州在近代成为我国工商业最为发达的城市之一，同时也扩大与提升了苏州整个城市的功能和地位。”（《苏州文化概论》苏简亚、张澄国主编）蚕桑丝绸对苏州的社会经济发展，犹如引擎之于汽车，引擎或需检修，甚至更换，但少不得，不能缺，所以，进入新时代后，将会有符合这个时代特色的“织造府”崛起在苏州大地上。时代不同，机构的组成也将不同，未来的苏州“织造府”不一定非要官办不可，民营的也能担起它的责职，那就要看市场经济这根“魔杖”的指向了。

后记

这部史话性质的书从三皇五帝开始叙说到民国，把蚕桑丝绸5000年来的历史文化及相关的传说、民俗等民间文化简明扼要地展现给了读者，用意在于凸显蚕桑丝绸在苏州的文化地位，丰富其文化内涵。在世界民族之林里，我们中华民族以自己延绵5000年的文化特立独行，中华民族的文化自觉、自信，对于文化的痴情和执着，是世所罕见的。起源于今伊拉克南部的两河文明和古埃及文明、中华文明可称世界最早兴起的三大文明，前两种文明业已消亡，唯中华文明硕果仅存，靠的是什么？是文化的延续。中国历史上的大一统王朝，不能看作是单纯的地域统一，而要看到起核心作用的文化统一。所以，即便是少数民族居统治地位的王朝，如元代和清代，依旧还是以华夏文化为主体的国家。而在大分裂时期，如南北朝、五代十国，由于南方始终保留着华夏文化，中国就灭不了，就会重新走向大一统。因此，有学者论断，中华民族是以文化立国的。蚕桑丝绸文化是中华优秀传统文化的重要组成部分，历史上的"织造府"为蚕桑丝绸起到了重要推动作用，继承和发扬蚕桑丝绸文化是我们不容推卸的责任，打造今天的"织造府"是我们不应绕开的义务。

苏州需要全新的"织造府"。苏州在呼唤新时代的"织造府"。这个信息时代的苏州"织造府"，必定会出现。到它出现的时候，我们这部"史话"，就是它的前奏，就是它的铺垫。

我们期待着！